"Irish Sentence Builders
A Lexicogrammar approach"
Beginner – Pre-intermediate

Answer Book

This is the answer booklet for "Irish Sentence Builders – A Lexicogrammar approach. Beginner – Pre-intermediate".

It contains answers for all exercises and follows the exact order of the original book. To further make this book user-friendly there is a reference to which page a particular page relates to in the original – student book, at the start of each unit section.

We hope that you enjoy using it and that your students enjoy working with "Irish Sentence Builders – A Lexicogrammar approach".

Thanks,

Gianfranco Conti, Dylan Viñales, Aoife de Buitléir, Órla de Buitléir and Ciara McCoy Fegan

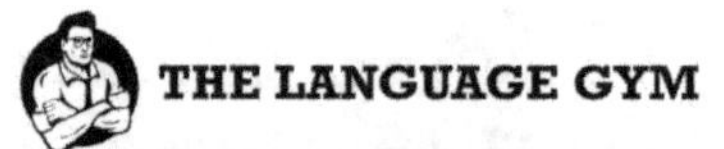

FIRST EDITION

Note: * means accept any other correct answer

Imprint: Independently Published
By Gianfranco Conti, Dylan Viñales, Aoife de Buitléir & Órla de Buitléir
Edited by Ciara McCoy Fegan

TABLE OF CONTENTS

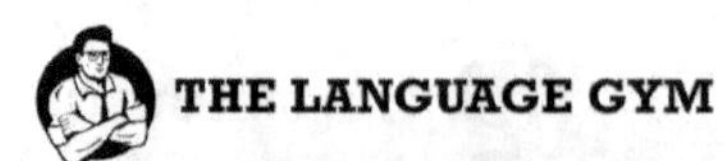

Unit 1 - Talking about my age

VOCABULARY BUILDING (Page 3)

1. Match up: Aon bhliain – One year **Dhá bhliain** – Two years **Trí bliana** – Three years
Ceithre bliana – Four years **Cúig bliana** – Five years **Sé bliana** – Six years **Seacht mbliana** –
Seven years **Ocht mbliana** – Eight years **Naoi mbliana** – Nine years **Deich mbliana** – Ten years
Aon bhliain déag – Eleven years **Dhá bhliain déag** – Twelve years **Trí bliana déag** – Thirteen
years

2. Complete with the missing words: a. ceithre bliana b. is ainm c. is ainm dom d. dhá bhliain e. ceithre bliana
f. is ainm di

3. Translate into English: a. I am 1 year old b. You are 5 years old c. I am 7 years old d. He is 8 years old e. She is
10 years old f. I am 13 years old

4. Broken words: a. Ainm b. dom c. dheirfiúr d. bliana déag e. mbliana f. Trí bliana g. Naoi h. Deich i. Cúig

5. Rank: 1. Tá Áine aon bhliain d'aois 2. Tá Siún trí bliana d'aois 3. Tá Ríona ocht mbliana d'aois 4. Tá Pól deich
mbliana d'aois 5. Tá Máire dhá bhliain déag d'aois 6. Tá Seán cúig bliana déag d'aois 7. Tá Tomás naoi mbliana déag
d'aois

6. For each pair of ages, choose which one is older: a. B b. A c. A d. A e. B

READING (Page 4)

1. Find the Irish for the following items in Siún text: a. Is Éireannach mé b. … is ainm dom
c. I nGaillimh d. Darb ainm Aindriú e. Tá mé dhá bhliain d'aois f. Ceithre bliana déag

2: Answer the following questions about Liam: a. England b. 13 years old c. 2 d. Tomás and Joe

3. Complete the table below:
Peadar: Age – 10 years old **Nationality** - Spainish **How many siblings** – 2 **Ages of siblings** – 2 years old, 4 years
old

Riain: Age – 9 years old **Nationality** - French **How many siblings** – 2 **Ages of siblings** – 12 years old, 12 years old
Máiréad: Age – 7years old **Nationality** - German **How many siblings** – 1 **Ages of siblings** – 4 years old

4: Máiréad, Josh or Siún?: a. Máiréad b. Siún c. Josh d. Josh e. Josh

TRANSLATION (Page 5)

1. Faulty translation: a. My name is Patrica b. I have one brother c. My sister's name is Marta d. My brother is 5
years old e. I am 15 years old f. My brother is 8 years old g. I have no brother h. I am 6 years old i. I am 2 years old

2. Translate into English: a. My brother's name is John b. I am 16 years old c. My brother is 3 years old d. My
sister's name is Marta e. I am 17 years old f. Eoin is 7 years old g. My sister is 4 years old h. Paraic is 15 years old
i. Maria is 12 years old j. Alex is 9 years old

3. Translate into Irish: a. Pól is ainm dom. Tá mé sé bliana d'aois b. Tá mo dheartháir cúig bliana déag d'aois c. Tá
mé dhá bhliain déag d'aois d. Úna is ainm do mo dheirfiúr e. Tá mé ceithre bliana déag d'aois f. Tá deartháir amháin
agus deirfiúr agam g. Fred is ainm dom agus tá mé ceithre bliana déag d'aois h. Gabriel is ainm dom agus tá mé aon
bhliain déag d'aois i. Seán is ainm dom. Tá mé deich mbliana d'aois j. Ana is ainm do mo dheirfiúr. Tá sí dhá bhliain
déag d'aois

WRITING (Page 6)

1. Complete the words: a. Pól is ai**nm** d**ó*** b. Tá mé sea**cht** mb**liana** d'**aois** c. Tá deir**fiúr** amh**áin** agam* d. Joe is
ainm do mo dhear**tháir** e. Patrick is a**inm** do**m** f. Oisín is ai**nm** do mo d**heartháir** g. Tá mé t**rí** b**liana** dé**ag** d'**aois**
h. Ana is ai**nm** do m**o** dh**eirfiúr**

2. Write out the ages in Irish: a. Naoi mbliana b. Seacht mbliana c. Dhá bhliain déag d. Cúig bliana e. Ceithre bliana déag f. Sé bliana déag g. Trí bliana déag h. Ceithre bliana

3. Spot and correct the mistakes: a. ainm, dom* b. ceithre, bliana, d'aois c. dheirfiúr, mbliana d. dheartháir e. di* f. is

4. Complete with a suitable word: a. ainm b. bliana, d'aois c. ainm d. agam, ainm e. deirfiúr* f. deartháir* g. dó*

5. Write a paragraph for Samuel, Rebecca, Michael and Frank using FIRST person:

Samuel: Samuel is ainm dom agus tá mé dhá bhliain déag d'aois. Tá cónaí orm i nGaillimh. Is Éireannach mé. Tá deartháir amháin agam. Gary is ainm dó agus tá sé naoi mbliana d'aois. Tá deirfiúr amháin agam. Anna is ainm di agus tá sí ocht mbliana d'aois.

Rebecca: Rebeecca is ainm dom agus tá mé cúig bliana déag d'aois. Tá cónaí orm i Maidrid. Is Éireannach mé. Tá deartháir amháin agam. Jamie is ainm dó agus tá sé trí bliana déag d'aois. Tá deirfiúr amháin agam. Valerie is ainm di agus tá sí cúig bliana d'aois.

Michael: Michael is ainm dom agus tá mé aon bhliain déag d'aois. Tá cónaí orm i bPáras. Is Francach mé. Tá deartháir amháin agam. Thomas is ainm dó agus tá sé seacht mbliana d'aois. Tá deirfiúr amháin agam. Lucy is ainm di agus tá sí dhá bhliain déag d'aois.

Frank: Frank is ainm dom agus tá mé deich mbliana d'aois. Tá cónaí orm i Londain. Is Sasanach mé. Tá deartháir amháin agam. Ken is ainm dó agus tá sé sé bliana d'aois. Tá deirfiúr amháin agam. Rena is ainm di agus tá sí aon bhliain d'aois.

Unit 2 - Saying when my birthday is

VOCABULARY BUILDING (Page 9)

1. Complete with the missing words: a. ainm b. chara c. ainm, liom d. Rugadh e. an gcúigiú lá f. ochtú lá déag, Shamhain g. lá, d'Iúil h. é

2. Match up: Aibreán – April **Samhain** – November **Nollaig** – December **Bealtaine** – May **Eanáir** – January **Feabhra** – February **Mo bhreithlá**– My birthday **Mo chara** – my friend **Cara liom** – My friend **... is ainm dom** – My name is... **... is ainm dó** – His name is ...

3. Translate into English: a. On the 4th of Jan b. On the 12th of Aug c. On the 21st of Dec d. On the 6th of April e. On the 28th of June f. On the 17th of March g. On the 25th of Sept h. On the 30th of Nov

4. Add the missing letters: a. Breithlá b. Feabhra c. Bealtaine d. Márta e. Aibreán f. Iúil g. Eanáir h. Lúnasa i. Meitheamh j. Deireadh Fómhair k. Nollaig

5. Broken Words: a. Ar an tríú lá d'Eanáir b. Ar an gcúigiú lá d'Iúil c. Ar an naoú lá de Lúnasa d. Ar an dara lá déag de Mhárta e. Ar an séú lá déag d'Aibreán f. Ar an naoú lá déag de Nollaig g. Ar an bhfichiú lá de Dheireadh Fómhair

6. Complete with a suitable words: a. dom* b. Rugadh, mé* c. mbliana d. chara* e. ceithre* f. tríú*, lá g. Rugadh, í* h. liom i. Rugadh, é* j. dom*

READING (Page 10)

1. Find the Irish for the following items in Rob's text: a. ...is ainm dom b. Tá mé dhá bhliain déag d'aois c. Tá cónaí orm in Uibh Fháilí d. Rugadh mé e. Ar an dara lá déag de f. Nuair a g. Am sa bhreis h. Mo chara i. Is ainm do chara eile liom j. Tá sí cúig bliana is tríocha d'aois k. Ar an aonú lá is fiche de Mheitheamh l. Níos sine ná í m. Ar an ochtú lá d'Eanáir

2. Complete with the missing word: a. bliana b. orm c. ar an d. lá e. Fómhair f. d'aois g. é

3: Answer the questions about Máire: a. 17 years old b. Leitrim c. On the 25th of Dec d. 2 e. Jack f. 13 years old g. On the 5th of Jan

4. Find someone who: a. Máire b. Steve c. Anthony d. Rob e. Rob f. Steve g. Anthony h. Máire i. Máire

WRITING (Page 11)

1. Complete the words: a. Sophie is ainm dom b. Is Éireannach mé c. Rugadh mé ar **an séú lá** is fiche d'Iúil d. Tá mé ceithre bliana déag d'aois e. Ciara is ainm do chara liom f. Is as Cill Chainnigh dom g. Is as Gaillimh do mo chara Ayrton h. Tá Paraic ocht mbliana d'aois

2. Spot and correct the spelling mistakes: a. Rugadh, é, gceathrú, d'Eanair b. dom* c. Éireannach d. chara, liom e. bliana, déag f. mbliana g. ar an gcúigiú, Mhárta h. mbliana

3. Answer the questions in Irish: a. ... is ainm dom b. Tá mé .... d'aois c. Rugadh mé ar an ... d. Tá ... deartháir/deartháireacha agam agus tá .... deirfiúr/deirfiúracha agam/níl aon deartháir/deirfiúr agam e. Rugadh é/í/iad ar an ....

4 : Write out the dates below in words: a. Ar an dara lá de Bhealtaine b. Ar an deichiú lá de Mheitheamh c. Ar an naoú lá déag de Mhárta d. Ar an tríú lá déag d'Fheabhra e. Ar an seachtú lá is fiche de Nollaig f. Ar an gcéad lá d'Eanáir g. Ar an dara lá is fiche de Shamhain

5. Write a paragraph for Samuel, Ally, Aindriú and Carl using FIRST person:

Samuel: Samuel is ainm dom agus tá cónaí orm i nGaillimh. Tá mé aon bhliain déag d'aois agus rugadh mé ar an gcúigiú lá is fiche de Nollaig. Tá deartháir amháin agam. Seán is ainm dó agus rugadh é ar an naoú lá déag d'Fheabhra

Ally: Ally is ainm dom agus tá cónaí orm i gCorcaigh. Tá mé ceithre bliana déag d'aois agus rugadh mé ar an aonú lá is fiche d'Iúil. Tá deartháir amháin agam. Frank is ainm dó agus rugadh é ar an aonú lá is fiche d'Aibreán

Aindriú: Aindriú is ainm dom agus tá cónaí orm i mBaile Átha Cliath. Tá mé dhá bhliain déag d'aois agus rugadh mé ar an gcéad lá d'Eanáir. Tá deartháir amháin agam. Juilan is ainm dó agus rugadh é ar an bhfichiú lá de Mheitheamh

Carl: Carl is ainm dom agus tá cónaí orm i mBéal Feirste. Tá mé sé bliana déag d'aois agus rugadh mé ar an dara lá de Shamhain. Tá deartháir amháin agam. Mike is ainm dó agus rugadh é ar an dara lá déag de Dheireadh Fómhair

6. Write a paragraph for Cian in the THIRD person:

Cian: Cian is ainm dó agus tá cónaí air i gCill Chainnigh. Tá sé dhá bhliain déag d'aois agus rugadh é ar an séú lá de Mheitheamh. Tá deartháir amháin aige. Joe is ainm dó agus rugadh é ar an gcéad lá de Nollaig

TRANSLATION (Page 12)

1. Faulty translation: a. He was born on the 17th of April b. My name is Rob and I am Irish c. I am 10 years old d. My friend's name is Jordi e. He is 15 years old f. She was born on the 4th of Jan

2. Translate into English: a. On the 18th of Oct b. I was born on the… c. My friend's name is… d. She was born on the … e. On the 2nd of Jan f. On the 14th of Feb g. On the 25th of Dec h. On the 8th of July i. On the 1st of June

3. Phrase – level translation: a. … is ainm dom b. Tá mé deich mbliana d'aois c. Rugadh mé ar an …. d. Ar an seachtú lá de Bhealtaine e. Bella is ainm do chara liom* f. Tá sí dhá bhliain déag d'aois g. Rugadh í ar an … h. Ar an tríú lá is fiche de Lúnasa i. Ar an naoú lá is fiche d'Aibréan j. … is ainm dom

4. Sentence-level translation: a. Cian is ainm dom. Tá mé trí bliana d'aois. Tá cónaí orm in Éirinn. Rugadh mé ar an aonú lá déag de Mhárta b. Paraic is ainm do mo dheartháir. Tá sé ceithre bliana déag d'aois. Rugadh é ar an ochtú lá déag de Lúnasa c. John is ainm do chara liom*. Tá sé dhá bhliain déag d'aois agus rugadh é ar an gceathrú lá d'Eanáir d. Angela is ainm do mo chara*. Tá sí ocht mbliana déag d'aois agus rugadh í ar an gcúigiú lá is fiche d'Iúil e. Anthony is ainm do chara liom*. Tá sé cúig bliana déag d'aois. Rugadh é ar an gceathrú lá is fiche de Mheán Fómhair

Unit 3 - Describing hair and eyes

VOCABULARY BUILDING (Page 15)

1. Complete with the missing word: a. dhonn b. fhionn c. féasóg d. gorma e. spéaclaí f. fhada
g. donna h. rua

2. Match up: Gruaig ghearr – Short hair **Súile gomra** – Blue eyes **Súile glasa** – Green eyes **Gruaig dhonn** –
Brown hair **Spéaclaí** – Glasses **Croiméal**– A moustache **Gruaig fhionn** – Blonde hair **Súile donna**– Brown eyes
Gruaig rua – Red hair **Gruaig fhada**– long hair

3. Translate into English: a. Curly hair b. Blue eyes c. He wears glasses d. Blonde hair e. Green eyes f. Red hair
g. Brown eyes h. Black hair

4. Add the missing letter: a. Fada b. Gearr c. Gruaig d. Donn e. Rua f. Glas g. Ildaite h. Dubh i. Liath j. Spéaclaí
k. Fionn l. Féasóg

5. Broken words: a. Tá gruaig chatach orm b. Caithim spéaclaí c. Tá gruaig ghearr orm d. Ní croiméal orm e. Tá
súile donna agam f. Tá féasóg orm g. Tá mé ocht mbliana d'aois h. Maria is ainm dom i. Tá mé naoi mbliana d'aois

6. Complete with a suitable word: a. mbliana b. agam* c. ainm d. sé* e. fhionn* f. spéaclaí g. súile h. gruaig
i. féasóg* j. gruaig k. ainm l. bhliain

READING (Page 16)

1. Find the Irish for the following items in Marta's text: a. … is ainm dom b. I c. Caithim spéaclaí d. Rugadh mé
e. Ar an deichiú lá de f. Agam g. Gruaig dhíreach h. Mo dheirfiúr i. Súile gorma

2. Answer the questions about Úna's text: a. 15 years old b. Mayo c. Red d. Curly e. Long f. Blue g. 15th of Dec

3. Complete with the missing words: a. mbliana b. air c. gruaig d. air e. aige f. é g. lá

4. Find someone who: a. Alan b. Caitlín c. Caitlín d. Marta, Cailtín's brother Simon, Cailtín's father e. Úna
f. Caitlín g. Pól h. Caitlín

TRANSLATION (Page 17)

1. Faulty translation: a. I have green eyes b. He has brown eyes c. I have a beard d. His name is Pat e. You have
long hair f. I have blue eyes g. She is from Kilkenny

2. Translate to English: a. I have blonde hair b. I have brown eyes c. I have long hair d. He wears glasses e. He has
a beard f. She does not wear glasses g. I do not have a moustache h. I have straight hair i. I have multi-coloured hair

3. Phrase – level translation: a. Gruaig fhionn b. ….is ainm dom c. Tá gruaig fhada orm d. Súile glasa e. Gruaig
dhíreach f. Tá súile gorma aige g. Deich mbliana h. Tá súile donna agam i. Tá mé naoi mbliana d'aois j. Súile gorma
k. Gruaig dhubh

4. Sentence-level translation: a. Mark is ainm dom. Tá mé deich mbliana d'aois. Tá gruaig dhubh chatach orm agus
tá súile gorma agam b. Tá mé dhá bhliain déag d'aois. Tá súile glasa agam agus tá gruaig fhionn dhíreach orm c. Ana
is ainm dom. Tá cónaí orm i mBaile Átha Cliath. Tá gruaig fhionn fhada orm agus tá súile donna agam d. Orla is ainm
dom. Tá cónaí orm in Ard Mhacha. Tá gruaig dhubh chatach an-ghearr orm e. Tá mé cúig bliana déag d'aois. Tá
gruaig fhionn chatach ghearr orm agus tá súile glasa agam. f. Tá mé trí bliana déag d'aois. Tá gruaig rua dhíreach
fhada orm agus tá súile donna agam

WRITING (Page 18)

1. Split sentences: a. Tá gruaig fhada **ar Dháithí** b. Tá **féasóg orm** c. Tá súile **donna agam** d. Tá gruaig **ildaite orm**
e. Níl féasóg **orm** f. Ayrton **is ainm dom** g. Tá mé deich **mbliana d'aois**

2. Rewrite the sentences in the correct order: a. Tá gruaig chatach orm b. Caitheann sí spéaclaí c. Rob is ainm dó
d. Tá gruaig rua fhada orm e. Tomás is ainm do mo dhearthair

3. Spot and correct the grammar and spelling errors: a. agam b. ainm, dheartháir c. dhíreach, orm d. dom*
e. mbliana f. chatach, orm* g. donna h. air* i. agam* j. air*

4. Anagrams : a. súile b. croiméal c. dhubh d. bliana e. gorma f. féasóg g. glasa h. gruaig

5. Write a paragraph for Laura, Ana and Brian using FIRST person:

Laura: Laura is ainm dom. Tá mé dhá bhliain déag d'aois. Tá gruaig dhonn chatach fhada orm. Tá súile glasa agam.
Caithim spéaclaí. Níl féasóg orm. Níl croiméal orm

Ana: Ana is ainm dom. Tá mé aon bhliain déag d'aois. Ta gruaig fhionn dhíreach ghearr orm. Ta súile gorma agam. Ní
chaithim spéaclaí. Níl féasóg orm. Níl croiméal orm

Brian: Brian is ainm dom. Tá mé fiche bliain d'aois. Tá gruaig rua fhada orm. Tá súile donna agam. Caithim spéaclaí.
Tá féasóg orm. Níl croiméal orm

6. Write a paragraph for Jeaic in the THIRD person:

Jeaic: Jeaic is ainm dó. Tá sé cúig bliana is fiche d'aois. Tá gruaig dhubh chatach an-ghearr air. Tá súile donna aige. Ní
chaitheann sé spéaclaí. Tá féasóg air.

Unit 4 - Saying where I live and am from

VOCABULARY BUILDING (Page 21)

1. Complete with the missing word: a. orm b. árasán c. as, dom d. cónaí, orm e. mo, theach
f. Gaillimh g. dteach h. cónaí, imeall

2. Match up: Ar an gcósta – On the coast **Tá cónaí orm** – I live **Gránna** – Ugly **An lár** – The centre **Foirgneamh** –
A building **Mór** – Big **Sean** – Old **Ar imeall an bhaile**– On the edge of town **Árasán** – A flat **Beag**– Small

3. Translate into English: a. I am from Kilkenny b. She lives in a small house c. I live on the edge of town d. I am
from Leinster e. You live in a modern house f. I am from Offaly in the midlands g. I am from Mayo on the coast h. I
am from Louth in the east of Ireland

4. Add the missing letter: a. Cill D**a**ra b. An D**ú**n c. Cúige Mum**h**an d. Corcaig**h** e. Cúige Uladh f. Liatroi**m**
g. Ciar**r**aí h. Sligeac**h** i. An **I**armhí j. Maigh E**o**

5. Broken words: a. Is as Laois, i lár na tíre dom b. Tá cónaí orm i dteach mór c. Is as Sligeach, in iarthuaisceart na
hÉireann dom d. Tá cónaí orm in árasán ar chósta na hÉireann e. Tá cónaí orm i dteach beag ach galánta f. Is as an
nDún dom agus tá cónaí orm i seanfhoirgneamh

6. Complete with a suitable word: a. as b. cónaí c. dom d. árasán* e. Laighean f. teach g. Gaillimh*
h. ndeisceart i. dom* j. iarthar k. dom*

GEOGRAPHY TEST (Page 22)

1. Baile Átha Cliath 2. Cill Dara 3. An Mhí 4. Cill Mhantáin 5. Loch Gorman 6. Ceartharlach 7. Laois 8. Cill Chainnigh
9. Tiobraid Árann 10. Port Láirge 11. Corcaigh 12. Ciarraí 13. Luimneach 14. An Clár 15. An Ghaillimh 16. Uibh
Fháilí 17. Longfort 18. An Iarmhí 19. Ros Comáin 20. Maigh Eo 21. Sligeach 22. Liatroim 23. An Cabhán 24. An Lú
25. Muineachán 26. Fear Manach 27. Ard Mhacha 28. An Dún 29. Aontroim 30. Doire 31. Tír Eoghain 32. Dún na
nGall

READING (Page 23)

1. Find the Irish for the following items in Orla's text: a. ... is ainm dom b. Tá mé aon bhliain déag d'aois c. Tá
cónaí orm i(n)... d. Árasán mór e. Ar imeall an bhaile f. Ar an dara lá d'Iúil g. Tá madra amháin agam h. Tá sé an-
mhór i. Rugadh é ar an gcéad lá d'Aibreán j. Tá sé trí bliana d'aois k. Tá damhán alla agam freisin

2. Complete the statements about Cormac's text: a. 18 b. 4th, Dec c. big* d. centre e. inquisitive f. lives g. flat

3. Answer the questions on the four texts: a. Ríona b. 4 c. Cormac d. Orla e. Cormac f. 1 year old g. Matthew
h. Cormac i. Matthew

4. Correct the statements about Ríona's text: a. Tá cónaí uirthi i dteach beag gránna b. Tá cat amháin aici c. Tá sí
ceithre bliana déag d'aois d. Tá cónaí uirthi ar imeall an bhaile e. Rugadh í ar na tríú lá de Mheitheamh f. Tá beirt
deirfiúracha aici

TRANSLATION/WRITING (Page 24)

1. Translate into English: a. He lives b. A big beautiful house c. A small flat d. Leinster e. An old building f. A
spider g. Inquisitive h. I hate it i. In the town centre j. In the northeast of Ireland k. She is from Mayo l. Oisín is my
name m. In the midlands n. On the edge of town

2. Gapped sentences: a. teach b. mór c. orm d. imeall, bhaile e. Is, as, dom

3. Complete the sentence with a suitable word: a. dteach b. oirdheisceart c. árasán, bhaile d. teach* e. Is, dom
f. orm*, tíre*

4. Phase-level translation: a. Tá cónaí orm i(n) b. Is as ... dom c. Teach d. Árasán e. Gránna f. Beag g. I
seanfhoirgneamh h. I lár an bhaile i. Ar imeall an bhaile j. Ar an gcósta k. I gCúige Chonnacht

5. Sentence-level translation: a. Is as Cill Mhantáin, in oirthear na hÉireann dom. Tá cónaí orm i dteach mór galánta ar imeall an bhaile b. Is as Corcaigh i gCúige Mumhan dom. Ta cónaí orm in árasán beag gránna i lár an bhaile c. Is as Tír Eoghain, i dtuaisceart na hÉireann dom. Tá cónaí orm in árasán i bhfoirgneamh nua. Tá m'árasán mór ach gránna d. Is as Sligeach, in oirthuaisceart na hÉireann dom. Tá cónaí orm in árasán i seanfhoirgneamh ar imeall an bhaile. Is maith liom m'árasán

WRITING (Page 25)

1. Complete with the missing letters: a. C**ú**ige Ch**o**nnach**t** b. Is **as** Aontroim do**m** c. T**á** c**ó**naí ort i dteach m**ór** d. **Is** as C**ú**ige Mu**mh**an daoibh e. Is fuath li**om** an s**e**anfhoirg**ne**amh f. **T**á cónaí or**t*** i gCill D**ara** g. Is a**s** C**ú**ige Uladh d**om** h. Tá c**ó**naí o**rm*** i lár na t**í**re

2. Spot and correct the spelling mistakes: a. dom b. cónaí, orm, dteach c. as d. orm, in e. in, oirthear, hÉireann f. as, Mumhan g. tíre h. an, Dún, dom

3. Answer the questions in Irish: a. … is ainm dom b. Rugadh mé ar an … c. Tá mé … d'aois d. Tá cónaí orm … e. Tá cónaí orm …. f. Tá conaí orm i dteach …

4. Gapped sentences: a. An Clár b. Corcaigh c. An Iarmhí d. Ciarraí e. Cill Dara f. Tír Eoghain g. Fear Manach h. Luimneach i. Cill Chainnigh j. An Lú

5. Write a paragraph for Pádraig, Alice, Niamh, Caroline and Róisín using FIRST person:

Pádraig: Pádraig is ainm dom. Tá mé dhá bhliain déag d'aois. Rugadh mé ar an bhfichiú lá de Mheitheamh. Is as an Lú dom ach tá cónaí orm sa Mhí

Alice: Alice is ainm dom. Tá mé ceithre bliana déag d'aois. Rugadh mé ar an gceathrú lá déag de Dheireadh Fómhair. Is as Liatroim dom ach tá cónaí orm i Longfort

Niamh: Niamh is ainm dom. Tá mé aon bhliain déag d'aois. Rugadh mé ar an gcúigiú lá d'Eanáir. Is as Tiobraid Árann dom ach tá cónaí orm i nGaillimh

Caroline: Caroline is ainm dom. Tá mé trí bliana déag d'aois. Rugadh mé ar an seachtú lá déag de Bhealtaine. Is as Cill Chainnigh dom ach tá cónaí orm i bPort Láirge

Róisín: Róisín is ainm dom. Tá mé cúig bliana déag d'aois. Rugadh mé ar an naoú lá déag de Dheireadh Fómhair. Is as Corcaigh dom ach tá cónaí orm i gCiarraí

6. Write a paragraph for Maidhc in the THIRD person:

Maidhc: Maidhc is ainm dó. Tá sé sé bliana déag d'aois. Rugadh é ar an gcúigiú lá déag de Mhárta. Is as Loch Gorman dó ach tá cónaí air i mBaile Átha Cliath

Unit 5 - Talking about my family members

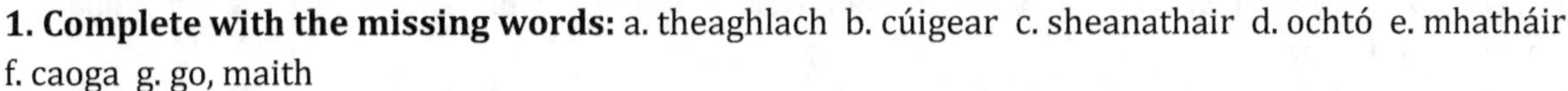
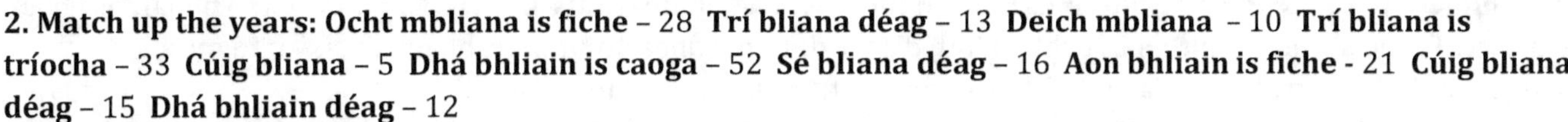

VOCABULARY BUILDING (Page 28)

1. Complete with the missing words: a. theaghlach b. cúigear c. sheanathair d. ochtó e. mhatháir
f. caoga g. go, maith

2. Match up the years: Ocht mbliana is fiche – 28 **Trí bliana déag** – 13 **Deich mbliana** – 10 **Trí bliana is tríocha** – 33 **Cúig bliana** – 5 **Dhá bhliain is caoga** – 52 **Sé bliana déag** – 16 **Aon bhliain is fiche** - 21 **Cúig bliana déag** – 15 **Dhá bhliain déag** – 12

3. Translate into English: a. I don't get along well with b. My grandmother, Eibhlín c. I get along well with my uncle d. There are 3 people in my family e. In my family f. He gets along well with g. My father is forty years old h. She is 8 years old

4. Add the missing letter: a. Teaghlach b. Seanathair c. Cúigear d. Beirt e. Deartháir f. Nócha g. Máthair h. Deirfiúr j. Réitíonn j. Athair k. Seisear l. Deich

5. Broken words: a. Tá cúigear i mo theaghlach b. Tá mo dheirfiúr dhá bhliain déag d'aois c. Tá… i mo theaghlach d. … is ainm do mo chol ceathrar e. Tá m'athair cúig bliana is caoga d'aois f. Ní réitím go maith le mo dheartháir níos sine

6. Complete with a suitable word: a. cúigear* b. Tá c. ainm d. bliana e. bliana f. maith g. theaghlach h. go i. réitím j. bliain k. le

VOCABULARY DRILLS (Page 29)

1. Match up: Réitím go maith – I get along well **Teaghlach** – A family **Tá** – There are **Seisear** – 6 people **Le** – with **I mo** – In my

2. Complete with the missing word: a. cúigear b. bliain c. Réitím d. maith e. sí, bliain f. mbliana g. fiche h. fiche

3. Translate into English: a. He is 9 years old b. She is 13 years old c. My father is 44 years old d. I do not get along well with my uncle e. I get along well with my father f. My younger sister is 5 years old g. There are 8 people in my family

4. Complete the gapped translations: a. níos, sine b. triúr, theaghlach c. col, ceathrar, mbliana, déag d. Ní e. m'uncail, daichead, bliain f. Reitím g. col, ceathrar, cúig, bliana, déag h. cúigear, theaghlach

5. Translate into Irish: a. I mo theaghlach b. Tá cúigear c. Tá m'athair d. Daichead bliain d'aois e. Réitím go maith f. le

6. Spot and correct the errors: a. triúr, theaghlach b. sheanmháthair c. mbliana d. Ní, le, ceathrar e. Tá, mbliana, d'aois f. sheanathair

TRANSLATION (Page 30)

1. Match up: Fiche – 20 **Tríocha** –30 **Daichead** – 40 **Caoga** – 50 **Seasca** – 60 **Seachtó** – 70 **Ochtó** – 80 **Nócha** – 90 **Céad** - 100

2. Write out the ages in Irish: a. Cúig bliana is tríocha d'aois b. Trí bliana is seasca d'aois c. Naoi mbliana is ochtó d'aois d. Ceithre bliana is seachtó d'aois e. Ocht mbliana is nócha d'aois f. Céad bliain d'aois g. Dhá bhliain is ochtó d'aois h. Ceithre bliana is fiche d'aois i. Seacht mbliana déag d'aois

3. Write in the missing words: a. tríocha b. mbliana is caoga c. mbliana is daichead d. céad bliain e. bhliain is seasca f. nócha bliain

4. Correct the English translation errors: a. My father is 70 years old b. My mother is 58 years old c. We are 43 years old d. I am 61 years old e. I am 52 years old

5. Translate into Irish: a. Tá seisear i mo theaghlach b. Susana is ainm do mo mháthair agus tá sí trí bliana is daichead d'aois c. Paul is ainm do m'athair agus tá sé ocht mbliana is daichead d'aois d. Julie is ainm do mo dheirfiúr níos sine agus tá sí aon bhliain is tríocha d'aois e. Ana is ainm do mo dheirfiúr níos óige agus tá sí ocht mbliana déag

d'aois f. Paraic is ainm dom agus tá mé seacht mbliana is fiche d'aois g. Aindriú is ainm do mo sheanathair agus tá sé seacht mbliana is ochtó d'aois

WRITING (Page 31)

1. Spot and correct the spelling errors: a. Daichead b. bhliain, tríocha c. ochtó d. bhliain, fiche e. Nócha f. bliana g. seacht, mbliana h. Deich, mbliana

2. Complete with the missing letter: a. Tá m'athair dai**chea**d b**liain** d'**aois** b. Tá mo mhá**thair** a**o**n bhl**iain** is fich**e** d'**a**ois c. T**á** m**o** sheantuismit**he**oirí ocht**ó** bl**iain** d'aois d. Tá mo dhear**thái**r fich**e** bliain d'aoi**s** e. Tá **mo** sheanmhá**thair** nóch**a** bl**iain** d'aois f. Tá mo dheirf**iúr** trí**och**a bl**iain** d'**ao**is

3. Rearrange the sentences in the correct word order: a. Tá cearthar i mo theaghlach b. Ní réitím go maith le mo dheartháir c. Tá m'athair, darb ainm Mike, dhá bhliain is caoga d'aois d. Tá triúr i mo theaghlach: mo mháthair, m'athair agus mé féin e. Tá mo chol ceathrar, darb ainm Pól, seacht mbliana is tríocha d'aois f. Tá mo sheanathair, darb ainm Fred, seacht mbliana is ochtó d'aois

4. Complete: a. I mo theaghlach b. Tá c. Darb ainm d. Mo mháthair e. M'athair f. Tá sé caoga bliain d'aois g. Tá mé seasca bliain d'aois h. Tá sé daichead bliain d'aois

5. Write a relationship sentence for Stiofán, Ana, Audrey, Emmet and Mike:
Stiofán: Tá m'athair, darb ainm Stiofán, seacht mbliana is caoga d'aois agus réitím go maith leis
Ana: Tá mo mháthair, darb ainm Ana, cúig bliana is daichead d'aois agus ní réitím go maith léi
Audrey: Tá m'aintín, darb ainm Audrey, seasca bliain d'aois agus réitím cuíosach maith léi
Emmet: Tá m'uncail, darb ainm Emmet, seacht mbliana is seasca d'aois agus ní réitím go maith leis
Mike: Tá mo sheanathair, darb ainm Mike, cúig bliana is seachtó d'aois agus réitím go han-mhaith leis

Revision Quickie 1 (Page 32)

1. Match up: Cúig bliana déag – 15 **Dhá bhliain déag** – 12 **Sé bliana déag** – 16 **Ocht mbliana déag** – 18 **Aon bhliain déag** – 11 **Naoi mbliana déag** – 19 **Ceithre bliana déag** – 14 **Fiche bliain** – 20 **Seacht mbliana déag** – 17 **Trí bliana déag** – 13

2. Translate the dates into English: a. On the 30th of July b. On the 1st of June c. On the 15th of Sept d. On the 22nd of Mar e. On the 31st of Dec f. On the 5th of Jan g. On the 16th of Apr h. On the 29th of Feb

3. Complete with the missing word: a. Rugadh b. déag c. dhonn d. ainm e. Tá f. gruaig g. dom h. liom

4. Write out the solution in words: a. deich b. dó déag c. cúig déag d. céad e. caoga naoi f. trí g. nócha h. tríocha sé i. seasca seacht

5. Complete the words: a. sheanathair b. chol ceathrar c. Súile d. Glas e. Croiméal f. Spéaclaí g. dheirfiúr h. Tá

6. Translate into English: a. My mother has brown hair b. I have blue eyes c. I am 40 years old d. My grandfather is 90 years old e. My father wears glasses f. My brother has a moustache g. My sister has black hair h. My sister has green eyes

Unit 6 - Describing myself and another family member: physical and personality (Part1/2)
Grammar Times 1 & 2

VOCABULARY BUILDING (Page 34)

1. Match up: Ard – Tall **Deas** –Nice **Dathúil** – Handsome **Ceanndána** – Stubborn **Láidir** – Strong **Flaithiúil** – Generous **Tanaí** - Slim **Beag** – Small **Uasfásach** – Mean **Spraíúil** – Fun **Gránna** – Ugly

2. Complete: a. tanaí b. Dhaid c. ceanndána d. aclaí e. spraíúil

3. Sort the adjectives: Tréith fhisicúil: a, e, g, j, m **Tréith dhaonna:** b, c, d, f, h, i, k, l

4. Complete the words: a. tanaí b. beag c. cneasta d. ard e. flaithiúil f. foighneach g. ionraic h. olc

5. Translate into English: a. Is duine flaithiúil í mo dheirfiúr b. Is duine ard é mo dhearth
áir c. Is duine cairdiúil é mo dhaid d. Ní duine ceanndána í mo mháthair e. Is duine tanaí mé f. Is duine láidir é mo leathchúpla g. Ní duine foighneach mé h. Ní duine cliste í

6. Spot and correct the translation mistakes: a. She is a strong person b. He is an honest person c. I am not a tall person d. My Dad is a small person e. My brother is a tall person f. My older brother is a boring person

7. Complete: a. Mo Mham b. Mo dheath
áir c. Mo Dhaid d. Mo leathchúpla e. Mo dheirfiúr

8. Translate into Irish: a. Is duine láidir agus greannmhar mé b. Is duine ceanndána í mo mháthair c. Is duine beag agus tanaí í mo dheirfiúr d. Is duine cliste é mo dheartháir e. Is duine cairdiúil agus spraíúil mé f. Is duine ard agus ionraic é m'athair g. Is duine gránna agus uasfásach é mo dheartháir h. Is duine ard agus aclaí mé

Grammar Time 1 (Page 37)
An Chopail (Uimhir Iolra – Drills 1)

1. Match up: Spórtúla – Sporty **Láidre** – Strong **Arda** – Tall **Spraíúla** – Fun **Beaga** – Small **Olca** - Bad

2. Complete with the missing words: a. láidre b. greannmhara c. mo, dheirfiúracha d. flaithiúla e. daoine f. cineálta g. spraíúla h. sibh

3. Translate into English: a. My parents are nice people b. My sisters are not kind people c. Are you (pl) fit people? d. We are honest people e. My brothers are small people f. My parents are not bad people g. Are you (pl) strong people? h. We are not handsome people

4. Complete with the missing word: a. cairdiúla b. thuismitheoirí c. dheirfiúracha níos óige d. iad e. An f. daoine g. muid h. Ní, spraíúla i. daoine

5. Translate into Irish: a. muid b. iad c. An, daoine, muid d. beaga e. daoine

6. Spot and correct the errors: a. cainteacha b. daoine c. beaga d. muid* e. dathúla

An Chopail (Uimhir Uatha agus Uimhir Iolra – Drills 2) (Page 38)

7. Complete with the missing words: a. muid b. duine c. ionraic d. iad e. dathúil f. mé g. spórtúil

8. Complete by writing duine or daoine: a. daoine b. duine c. daoine d. daoine e. duine f. duine g. daoine h. duine i. daoine

9. Spot and corrcet the errors: a. maithe b. iad c. ard, Dhaid d. daoine e. An f. daoine g. - h. iad

10. Translate into Irish: a. Is duine ard í mo mháthair b. Ní duine beag é m'athair c. Is daoine gránna iad mo dheartháireacha d. Ní duine cairdiúil í mo dheirfiúr e. Is daoine spórtúla iad mo shiblíní f. An duine foighneach é mo leathchúpla? g. Is duine cliste í mo mháthair h. An daoine deasa iad mo thusimitheoirí?

11. Translate into Irish: a. Is daoine arda iad mo mháthair agus mo dheirfiúr b. Is daoine cineálta agus deasa iad mo dheirfiúracha c. Is daoine fíorchairdiúla iad mo thuismitheoirí d. Is duine cainteach agus leisciúil mé e. Is daoine

arda muid mé féin agus mo dhearthair f. Is daoine dathúla iad mo mháthair agus mo dheirfiúr g. Is duine an-bheag í mo leathchúpla

Grammar Time 2 (Page 39)
Preposition drills

1. Which person is mentioned below: a. mé b. tú c. sé d. muid e. siad f. sé g. muid h. muid i. tú j. tú

2. Spot and correct the mistakes: a. dom b. air c. againn d. - e. - f. - g. orm h. dom* i. uirthi

3. Complete the missing word: a. orainn b. ag, mo, Dhaid c. di d. uirthi e. agaibh f. ag, Mícheál g. ar, Shíle

4. Complete with do, ar, ag: a. do b. ar c. ag d. ar e. ag f. ag g. ar, ar h. ag i. ar j. do

5. Translate into Irish: a. Tá gruaig dhonn orainn b. Tá gruaig fhada ort c. Tá súile gorma agaibh d. Tá súile glasa aici e. Tá gruaig chatach ar m'athair f. Tá gruaig dhíreach ar mo dheirfiúr g. Tá gruaig liath ar mo m'uncail h. Níl gruaig ar mo sheanathair i. Tá gruaig fhionn orm agus ar mo m'athair j. Ta súile glasa ag m'uncail Pól

6. Guided writing: Gearóid is ainm dom. Tá mé naoi mbliana d'aois. Tá dearthair amháin agam. Tá mo dhearthair cúig bliana déag d'aois. Tá gruaig dhonn dhíreach ghearr air agus tá súile glasa aige. Is duine ard agus dathúil é. Tá deirfiúr amháin agam. Tá sí dhá bhliain déag d'aois. Tá gruaig dhubh chatach fhada uirthi agus tá súile donna aici. Is daoine beaga iad mo thuismitheoirí. Tá gruaig dhubh orthu agus tá súile donna acu.

7. Write 80-100 words: Liam is ainm dom. Tá mé aon bhliain déag d'aois. Tá cúigear i mo theaghlach. Tá m'athair, darb ainm Pat, trí bliana is daichead d'aois. Tá gruaig dhonn dhíreach ghearr air agus tá súile glasa aige. Ní chaitheann sé spéaclaí. Is duine ard agus láidir é. Is duine cineálta agus foighneach é. Tá mo mháthair, darb ainm Susan, dhá bhliain is daichead d'aois. Tá gruaig fhionn chatach uirthi agus tá súile gorma aici. Caitheann sí spéaclaí. Is duine ard agus tanaí í. Is duine spraíúil agus ceanndána í. Tá dearthair níos sine agam. Colin is ainm dó. Tá sé cúig bliana déag d'aois. Tá gruaig dhubh an-ghearr air. Tá súile donna aige. Is duine tanaí agus ard é. Is duine cliste agus aclaí é. Ní chaitheann sé spéaclaí. Tá deirfiúr níos óige agam. Siobhán is ainm di. Tá sí naoi mbliana d'aois. Tá gruaig rua dhíreach fhada uirthi. Tá súile gorma aici. Is duine tanaí agus beag í. Is duine cineálta agus greannmhar í. Ní chaitheann sí spéaclaí.

Unit 6 - Describing my family and saying why I like/dislike them (Part 2/2)

VOCABULARY BUILDING (Page 42)

1. Complete the missing word: a. theaghlach b. ceathrar c. mháthair d. go, maith e. réitím f. ard g. sheantuismitheoirí

2. Match up: Mo leathchúpla – My twin **M'aintín** – My aunt **M'uncail** – My uncle **Mo sheanathair** – My grandfather **Mo dheirfiúr** – My sister **Mo chol ceathrar**– My cousin **Mo dheartháir** – My brother **Mo dhaid** – My dad **Mo mham** – My mam **Mo sheanmháthair** – My grandmother

3. Translate into English: a. My mam is a very fit person b. My dad is a generous person c. My brother is a bit of a nice person d. I get along well with my aunt e. My cousin is a bit of a good looking person f. I don't get along well with my grandfather g. I really like my uncle because he is a tall person h. My twin is not a very nice person

4. Add the missing letter: a. Cineálta b. Ceanndána c. Foighneach d. Beag e. Spórtúil f. Olc g. Uafásach h. Tanaí i. Greannmhar j. Ionraic k. Láidir j. Dathúil

5. Broken words: Tá … i mo theaghlach b. Ceathrar c. Is duine an-deas í mo mháthair d. Réitím go maith le mo… e. Is duine an-fhlaithiúil é m'athair f. Ní réitím go maith le mo … g. Tá gruaig fhada ar mo dheirfiúr

6. Complete with a suitable word: a. theaghlach b. ard* c. daoine d. gorma* e. mbliana f. Tá g. deasa* h. maith i. ainm j. dteach* k. liom* l. olca*

READING (Page 43)

1. Find the Irish for the following items in Ailbhe's text: a. … is ainm dom b. I ndeisceart na hÉireann c. Mo sheanathair d. Ach e. An- f. Uaireanta g. Súile donna h. Gruaig fhíorghearr

2. Answer the following questions about Eoin's text: a. 15 years old b. Ulster c. 4 d. His dad and his brother Cathal e. He is a kind person f. Younger sister Saoirse g. 1st of Sept

3. Complete with the missing words: a. dom b. mbliana c. orm d. Laighean e. dheas* f. gorma* g. orm h. tá i. agam

4. Find someone who: a. Isobel b. Eoin c. Sibéal d. Ciarán e. Ailbhe f. Eoin g. Isobel h. Sibéal i. Ciarán

TRANSLATION (Page 44)

1. Faulty Translations: a. There are 4 people in my family b. My mother Angela and my cousin c. I get along well with my father d. My father's name is Ian e. James is a kind and fun person f. I have long hair

2. Translate to English: a. He is a very tall person b. My brother is not a sporty person c. I get along well with my siblings d. Are my parents nice people? e. We live in the northeast of Ireland f. Their names are Rachel and Niall g. My uncle has sort of long hair h. My sisters are not friendly people i. I am a generous person

3. Phase-level translation: a. Is duine deas é b. Is duine flaithiúil í c. Réitím go maith le… d. Ní réitím go maith le… e. Is duine spraíúil é m'uncail f. Mo dheartháir níos óige g. Is maith liom mo chol ceathrar Mary h. Tá gruaig dhubh ghearr uirthi i. Tá súile gorma aige j. Ní maith liom mo sheanathair k. Is duine an-cheanndána é

4. Sentence-level translation: a. Peter is ainm dom. Tá mé naoi mbliana d'aois. Tá ceathrar i mo theaghlach b. Carla is ainm dom. Tá súile gorma agam. Réitím go maith le mo dheartháir c. Ní réitím go maith le mo dheartháir mar gur duine ceanndána é d. Fred is ainm dom. Tá cónaí orm in iarthar na hÉireann. Ní maith liom m'uncail mar gur duine uafásach é e. Is maith liom mo chol ceathrar mar gur duine an-chineálta í f. Tá cónaí orm in oirdheisceart na hÉireann

WRITING (Page 45)

1. Split sentences: a. Tá gruaig **fhionn orm** b. Is duine **láidir í** c. Is daoine **láidre iad** d. Tá súile **gorma agam**
e. Tá cónaí **orainn** f. Tá cónaí **ar Liam** g. Tá croiméal **air**

2. Rewrite the sentences in the correct order: a.Tá ceathrar i mo theaghlach b. Is daoine deasa iad mo shiblíní
c. Tá mo mháthair cúig bliana is caoga d'aois d. Ní réitím go maith le mo dheartháir níos sine e. Tá súile glasa ag mo
leathchúpla Aoife f. Tá cónaí ar mo sheantuismitheoirí i dteach galánta

3. Spot an correct the errors: a. agam b. Réitím, ~~ag,~~ le c. orm d. greannmhara e. uirthi f. mé* g. bliana h. air
i. iad* j. agam

4. Anagrams : a. cliste b. uafásach c. mór d. cneasta e. ceanndána f. foighneach g. aclaí h. spraíúil

5. Write a paragraph for Daniel, Sally and Abbie using FIRST person:

Daniel: Daniel is ainm dom. Tá mé dhá bhliain déag d'aois. Tá ceathrar i mo theaghlach. Is maith liom mo mháthair.
Is duine an-deas í. Tá gruaig fhionn fhada uirthi. Tá deartháir níos sine agam. Is maith liom é mar gur duine spraíúil
agus an-deas é. Ní maith liom mo chol ceathrar, darb ainm Gemma, mar gur duine an-uafásach agus gránna í

Sally: Sally is ainm dom. Tá mé aon bhliain déag d'aois. Tá cúigear i mo theaghlach. Is maith liom m'athair mar gur
duine spraíúil é. Tá gruaig dhubh ghearr air. Is maith liom mo sheanmháthair. Is duine an-deas agus flaithiúil í. Ní
maith liom m'uncail, darb ainm Edward, mar gur duine ceanndána agus leisciúil é

Abbie: Abbie is ainm dom. Tá mé deich mbliana d'aois. Tá triúr i mo theaghlach. Is maith liom mo sheanathair mar
gur duine an-ghreannmhar é. Tá gruaig an-ghearr air. Is maith liom mo dheirfiúr níos óige. Is duine an-deas agus
spórtúil í. Ní maith liom m'aintín, darb ainm Caroline, mar gur duine an-láidir ach ceanndána í

6. Write a paragraph for Uncle Tony in the THIRD person:

Uncle Tony: Tony is ainm dá uncail. Tá gruaig fhionn ghearr air. Tá súile gorma aige. Is maith leis a shiblíní. Is duine
ard agus láidir é. Is duine deas, spraíúil agus flaithiúil é

Unit 7 - Talking about pets

Grammar Time 3: Bí and ag

Questions skills 1: Age/Descriptions/Pets

VOCABULARY BUILDING (Page 48)

1. Complete with the missing word: a. éan b. coinín c. madra d. turtar e. cat f. nathair g. damhán alla h. hamstar

2. Match up: Capall – A horse **Dhá iasc** – Two fish **Turtar** – A turtle **Muc ghuine** – A guinea pig **Éan** – A bird
Pearóid – A parrot **Madra** – A dog **Iasc** – A fish **Cat** – A cat **Francach** – A rat **Hamstar** – A hamster

3. Translate into English: a. I have a dog b. My friend has a bird c. I have 2 fish d. At home, I don't have a pet e. I have 3 dogs f. I would like to have a dog g. My brother has a turtle h. My cat is 5 years old

4. Add the missing letter: a. Mo chat b. Turtar c. Pearóid d. Dhá iasc e. Madra f. Coinín g. Lacha h. Capall

5. Anagrams: a. madra b. cat c. turtar d. iasc e. alpaca f. lacha g. damhán alla h. coinín

6. Broken words: a. Sa bhaile, tá madra agam b. Tá pearóid ag cara liom c. Tá turtar ag mo dheartháir d. Níl coinín agam e. Tá nathair agam f. Tá cat ag Liam g. Tá iasc gorm agam h. Tá dhá pheata agam

7. Complete with a suitable word: a. mbliana b. mhadra* c. liom d. chara* e. bhaile f. bhaile, amháin g. dhá*
h. trí* i. ag j. agam*

READING (Page 49)

1. Find the Irish for the following items in Elena's text: a. Dhá pheata b. Darb ainm c. Cat amháin d. Pearóid amháin e. An-chainteach f. Níos sine g. Mo thuismitheoirí h. Is ainm dom i. Greannmhar j. Ceathrar

2. Find someone who: a. Sara b. Elena c. Selena d. Jane e. Selena f. Sara

3. Answer the questions about Jane's text: a. Town b. Chatty and sporty c. Benny d. 2 e. Her guinea pig f. Her turtle g. Very slow

4. Fill in the blanks: Pól's text: a. ainm b. bhliain c. Tá d. bheirt* e. duine f. pheata g. ainm h. lán i. hAnna j. an

5. Fill in the table: Pól: Age – 11 **How many in family** – 5 **Pets** – cat and rat **Description of pets** - Cat: Full of energy and independent, Rat: Friendly **Elena: Age** – 9 **How many in family** – 4 **Pets** – Parrot and cat **Description of pets** – Parrot: Very chatty

TRANSLATION (Page 50)

1. Faulty Translations: a. There are 5 people in my family and I have 3 pets b. At home, we have 2 pets: 1 dog and 1 rabbit c. My friend Pól has a horse whose name is Speedy. He is very boring d. My sister has a fish whose name is Dylan e. My father has a bird whose name is Nicole f. I have a cat whose name is Sleepy. She is very cute

2. Translate into English: a. A small cat b. A big dog c. A Small duck d. A slow turtle e. A cute horse f. An ugly rat g. A clever cat h. I have 2 pets i. At home, we have no pets j. I would like a cat k. I would like a fish l. I have a turtle but I would like a snake

3. Phase- level translations: a. Madra leadránach b. Lacha bheag c. Sa bhaile d. Tá … againn e. Capall gleoite
f. Cat cliste g. Tá … agam h. Níl … agam i. Ba mhaith … a bheith agam

4. Sentence-level translations: a. Tá capall ag mo dheartháir darb ainm Rayo b. Tá turtar gránna ag mo dheirfiúr darb ainm Nicole c. Tá hamstar beag agam darb ainm Squeaky d. Sa bhaile, tá trí pheata againn: lacha, coinín agus pearóid e. Tá francach agam darb ainm Stuart f. Sa bhaile, tá trí pheata againn: cat, madra agus hamstar g. Tá dhá iasc agam darb ainm Nemo agus Dory

WRITING (Page 51)

1. Split sentences: a. Tá madra agam darb **ainm Speedy** b. Sa bhaile, tá dhá **pheata againn** c. Tá francach **dubh agam** d. Tá cat bán **agam** e. Ba mhaith nathair **a bheith agam** f. Tá turtar ag **mo dhearthair** g. Sa bhaile, níl **peata againn**

2. Rewrite the sentences in the correct order: a. Sa bhaile, tá trí pheata againn b. Ba mhaith francach a bheith agam c. Tá cat agus madra agam d. Tá iasc dubh ag cara liom e. Tá nathair ghlas againn darb ainm Coco f. Tá dhá iasc ghorma againn g. Tá turtar ag mo dheirfiúr darb ainm Kura

3. Spot and correct the errors: a. Tá b. dheirfiúr c. bheith d. cat bán, ag e. Tá, chara f. is, do g. agam h. bhaile, dhá

4. Anagrams : a. madra b. iasc c. nathair d. mór e. gleoite f. cairdiúil g. beag

5. Write a paragraph for Peter, Leo and Ciara using FIRST person:

Peter: Peter is ainm dom. Tá madra bán agus cairdiúil agam. Tá sé ceithre bliana d'aois.

Leo: Leo is ainm dom. Tá lacha ghorm agus ghreannmhar agam. Tá sí sé bliana d'aois.

Ciara: Ciara is ainm dom. Tá capall donn agus gleoite agam. Tá sé aon bhliain d'aois.

6. Write a paragraph for Riain in the THIRD person:

Riain: Riain is ainm dó. Tá gruaig fhionn ghearr air. Tá súile glasa aige. Is duine an-deas é. Is duine ard é agus caitheann sé spéaclaí. Tá ceithre pheata aige: madra, cat agus dhá iasc. Ba mhaith damhán alla a bheith aige.

Grammar Time 3 (Page 52)

1. Translations: a. agam b. agat c. aici d. againn e. agaibh f. acu

2. Translate into English: a. I have a very cute horse b. My brother has a small cat c. My mother has a very friendly dog d. My cosuin has a very slow turtle e. At home, we have a small duck and a yellow fish f. My friend has a big bird

3. Complete: a. Tá muc ghuine agam b. Tá sé dhá bhliain d'aois c. Tá turtar againn. Tá sé ceithre bliana d'aois d. Tá madra ag mo dheirfiúr e. Tá dhá chat ag mo bheirt uncailí f. Tá siad trí bliana d'aois g. Tá nathair agam agus ag mo dhearthair h. An bhfuil peataí agaibh? i. Céard iad na peataí atá agat?

4. Translate into Irish: a. Tá muc ghuine agam. Tá sé trí bliana d'aois b. Sa bhaile, níl peataí againn c. Tá mo mhadra trí bliana d'aois. Tá sé an-mhór d. Tá triúr deartháireacha agam. Is daoine spórtúla iad e. Tá lacha agus muc ghuine ag mo chol ceathracha f. Tá gruaig fhionn chatach fhada ar m'aintín. Is duine an-dathúil í g. Tá gruaig dhubh orm agus ar mo dhearthair. Tá súile glasa agam agus ag mo dhearthair

Question Skills 1 (Page 53)

1. Match up: Cén aois thú? – Tá mé cúig bliana déag d'aois **Cén fáth nach réitíonn tú le do mháthair?** – Mar gur duine an-dian í **Cén dath atá ar do ghruaig?** – Tá gruaig rua orm **Cén aois iad do sheantuismitheoirí?** – Tá siad ochtó bliain d'aois **Cén dath súile atá agat?** – Tá siad ochtó bliain d'aois **Céard é an dath is fearr leat?** – Is fearr liom an dath glas **Cén chaoi a bhfuil tú?** – Tá mé go breá, go raibh maith agat **An bhfuil peata agat?** – Níl **Céard é an t-ainmhí is fearr leat?** – Is fearr liom madraí **Cé mhéad peata atá agat?** – Tá dhá pheata agam: madra agus pearóid **Cén sórt duine thú?** – Is duine beag mé **Céard iad do thréithe pearsanta?** – Is duine deas agus cainteach mé **An réitíonn tú le d'athair?** – Ní réitím mar gur duine cantalach é **Cathain a rugadh thú?** – Rugadh mé ar an bhfichiú lá de Mheitheamh

2. Complete with the missing word: a. as b. duine c. aois d. réitíonn e. rugadh f. peata g. peata

3. Translate into English: a. When b. What c. What age d. How many e. Where f. Who g. Why h. How i. What

4. Complete: a. Cén aois thú? b. Cár as duit? c. Cén chaoi a bhfuil tú? d. Cá bhfuil cónaí ort? e. Céard is ainm duit? f. Cathain a rugadh thú? g. An bhfuil peata agat?

5. Translate into Irish: a. Céard is ainm duit? b. Cén aois thú? c. Cén sórt gruaige atá ort? d. Cén peata is fearr leat? e. An réitíonn tú le d'athair? f. Cén fáth nach réitíonn tú le do mháthair? g. Cé mhéad peata atá agat? h. Cár as duit?

Unit 8 - Saying what jobs people do...

Grammar Times 4 & 5: The Present Tense of verbs and an Chopail

VOCABULARY BUILDING (Page 56)

1. Complete with the missing word: a. feirmeoir b. gruagaire c. thógálaí d. dochtúir, chathair e. gharda f. altra, oifig

2. Match up: Tá sé taitneamhach – It is enjoyable **Tá sé gnóthach** – It is busy **Tá sé decair** – It is hard **Tá sé dúshlánach** – It is challenging **Tá sé leadránach** – It is boring **Tá sé crua** – It is hard **Tá sé éasca** – It is easy **Tá sé strusmhar** – It is stressful **Tá sé suimiúil** – It is interesting

3. Translate into English: a. My mother is a server b. He likes his job c. He works in a school d. My brother is a manager e. She hates her job f. My cousin is a hairdresser g. She really likes her job h. Because it is enjoyable

4. Add the missing letter: a. Tá sé éasca b. Is maith léi c. Garda d. Dochtúir e. Tá sé suimiúil f. Oibríonn sé mar g. Is altra í h. Mo phost

5. Anagrams: a. feirmeoir b. múinteoir c. garda d. bean an tí e. tógálaí f. bainisteoir g. altra h. gruagaire

6. Broken words: a. Is fear an tí é m'athair b. Is maith leis a phost c. Is feirmeoir é mo dheartháir d. Oibríonn sé sa bhaile e. Is fuath leis a phost f. Mar go bhfuil sé gnóthach g. Tá sé an-sásúil

7. Complete with a suitable word: a. múinteoir* b. maith* c. dhochtúir* d. altra* e. mháthair* f. maith* g. ghnóthach* h. Oibríonn i. mheicneoir* j. oifig*

READING (Page 57)

1. Find the Irish for the following items in Philip's text: a. Tá mé fiche bliain d'aois b. Tá madra amháin agam c. Oibríonn mo mháthair mar… d. Mar dhocthúir e. Sa chathair f. Is maith léi a post g. Gnóthach h. Sásúil i. Is breá leis a phost j. Deacair

2. Find the answers: a. Camille's father b. Seán c. Sam d. Philip e. Sam's uncle f. Camille

3. Answer the questions on Sam's text: a. Mother b. She is an engineer and has no job currently c. He is a stubborn person d. He is a clever perosn but a stubborn person also e. No f. School in the city h. A turtle

Maria's text: a. ainm b. bliana c. theaghlach d. bliain e. oifig f. sásúil g. gnóthach h. dhá i. beag* j. maith* k. bhéasach*

4. Fill in the gaps: Maria's text: a. ainm b. bliana c. theaghlach d. bliain e. oifig f. sásúil g. gnóthach h. dhá i. beag j. maith k. bhéasach*

5. Fill in the table below:

Maria* (answers depend on words choosen in the text): **Age** – 13 **How many in family** – 5 **Pets** – dog and fish **Description of pets** – dog: well mannered, fish: small

Camille: Age – 17 **How many in family** – 4 **Jobs** – hairdresser, house-husband **Description of jobs** – hairdresser: busy and interesting, house-husband: boring and hard

TRANSLATION (Page 58)

1. Faulty Translations: a. My father works as a teacher and he really likes his job because it is interesting. He works in a school b. My mother works as a business person in an office. She likes it but it is hard c. My friend Fran works as a nurse. He works in a hospital and he really likes it d. My uncle Greg is a server and he works in an Italian restuarnt and he likes it e. My mother is a doctor and she works in the city. She hates her job because it is very boring and uninteresting

2. Translate into English: a. My uncle works as b. My father does not work as c. As a factory worker d. She works as a nurse e. She is a hairdresser f. A factory worker g. She really likes her job h. He works in an office i. She works on a farm j. They work in a hotel k. It is enjoyable l. He is a teacher m. My brother is not a doctor

3. Phase-level translation: a. Mo dheartháir níos sine b. Oibríonn sí mar c. Feirmeoir d. Is maith leis e. A phost f. Mar go bhfuil sé gnóthach g. Agus spraíúil h. Ach tá sé crua*

4. Sentence-level translation: a. Is tógálaí é mo dheartháir b. Is duine gnó é m'athair c. Is feirmeoir é m'uncail agus is fuath leis a phost d. Oibríonn mo dheartháir Darren i mbialann e. Is bainisteoir é mo dheartháir níos sine f. Is múinteoir í mo sheanmháthair g. Is altra í m'aintín agus is maith léi a post h. Mar go bhfuil sé strusmhar i. Oibríonn m'aintín in óstán

WRITING (Page 59)

1. Split sentences: a. Ní maith liom **mo phost** b. Is múinteoir í **m'aintín** c. Oibríonn sé **mar dhochtúir*** d. Is maith léi é mar **go bhfuil sé suimiúil** e. Tá sé **deacair** f. Oibríonn sí i **mbialann Shíneach** g. Oibríonn sé **mar bhainisteoir***

2. Rewrite the sentences in the correct order: a. Is maith léi a post b. Oibríonn sí mar bhainisteoir in oifig c. Is fear an tí é m'athair agus is maith leis é d. Oibríonn m'uncail mar fheirmeoir e. Oibríonn mo dheartháir sa chathair f. Is fuath le mo dheartháir níos sine a phost g. Is dochtúir é mo chara agus oibríonn sé in ospidéal

3. Spot the errors: a. bean b. ~~agus~~ c. Oibríonn, dheirfiúr, mar d. fuath, leis e. in f. go bhfuil, sí, suimiúil g. m'athair, phost h. ~~tá, siad~~, go bhfuil, sé

4. Anagrams : a. dochtúir b. suimiúil c. éasca d. is maith leis e. oibríonn sí mar f. bialann g. garda

5. Write a paragraph for Pat, Liam and Máire using FIRST person:

Pat: Pat is ainm dom. Is tógálaí é mo dhaid. Is aoibhinn leis a phost mar go bhfuil sé gnóthach agus suimiúil

Liam: Liam is ainm dom. Is freastalaí é mo dheartháir. Is fuath leis a phost mar go bhfuil sé leadránach agus neamhshuimiúil

Máire: Máire is ainm dom. Is feirmeoir í m'aintín. Is maith léi a post mar go bhfuil sé taitneamhach ach crua*

6. Write a paragraph for Maggie in the THIRD person:

Maggie: Maggie is ainm di. Tá gruaig fhionn fhada uirthi. Is duine ard í agus ní chaitheann sí spéaclaí. Is duine dícheallach í. Oibríonn sí mar altra*. Is breá léi a post mar go bhfuil sé strusmhar ach sásúil

Grammar Time 4 (Page 60)
Drills

1. Match up: Oibríonn sé/sí – He/She works **Oibríonn muid** – We work **Oibríonn sibh** – You (pl) work **Oibrím** – I work **Oibríonn siad** – They work **Oibríonn tú** – You work

2. Translate into English: a. They work now and again b. My parents work often c. My brothers do not work d. She does not work usually e. Do you work as a farmer? f. Do you (pl) work as teachers?

3. Complete with the correct option: a. dochtúir b. sé c. oibríonn d. léi e. thuilleadh f. mhaith g. n-oibríonn h. oifig

4. Cross out the wrong option: a. ~~Oibríonn siad~~ b. ~~Oibríon sé~~ c. ~~Níor oibríonn sé~~ d. ~~Oibríonn sé~~ e. ~~Oibrigh siad~~ f. ~~Tú oibríonn~~ g. ~~Muid oibríonn~~ h. ~~Mo chara oibríonn~~ i. ~~Oibríonn é agus iad~~

5. Complete the verbs: a. Oibríonn b. oibríonn c. Oibríonn d. oibríonn e. oibríonn f. Oibríonn g. Ní, oibríonn h. Oibríonn i. oibrím

6. Complete the sentences: a. Ceannaím b. Réitíonn c. Bailíonn d. Tosaíonn e. gcuardaíonn f. choinníonn

7. Complete with the correct from of the verb: a. Tosaíonn b. Oibríonn c. Foilsíonn d. Ceannaíonn e. Ullmhaíonn f. Cabhraíonn g. Oibríonn h. Éiríonn i. Dúisíonn j. Oibríonn k. Ceannaíonn

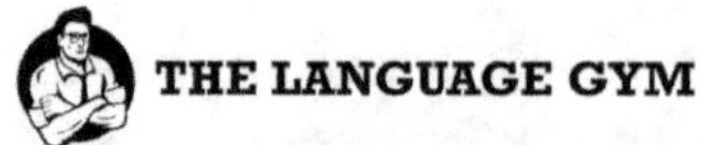

Grammar Time 5 (Page 63)
Drills

1. Match up: Is dochtúir é – He is a doctor **Is garda é** – He is a guard **Is altra muid** – We are nurses **Ní feirmeoir é** – He is not a farmer **Ní tógálaí mé** – I am not a builder

2. Complete with the missing form of an Chopail: a. iad b. Is c. í d. iad e. iad f. Is g. An h. iad i. é j. iad

3. Translate into English: a. We are teachers b. I am not a server c. Are you a house-wife? d. She is a nurse e. They are not builders f. My brother is a guard g. Niall is a business person h. Is Paraic a farmer? i. Ayrton is a factory worker j. Are the men guards? k. Amy is a hair dresser

4. Translate into Irish: a. Is dochtúir é m'athair b. Is gardaí iad mo thuismitheoirí c. Is múinteoir é m'uncail d. Is múinteoir mé e. Is feirmeoirí iad mo chol ceathracha f. Is mná tí iad m'aintíní g. Is duine gnó é mo chara*

5. Translate into Irish: a. Is duine ard agus dathúil é mo dheartháir. Is freastalaí é b. Is duine an-chliste agus dícheallach í mo dheirfiúr níos óige. Is bainisteoir í c. Is duine an-spórtúil agus aclaí é mo dheartháir níos óige. Is bainisteoir é d. Is duine an-láidir agus dícheallach í. Is dochtúir í e. Is duine an-fhoigneach agus cineálta* é m'athair. Is garda é

Unit 9 - Comparing people's appearance and personality
Revision Quickie 2

VOCABULARY BUILDING (Page 66)

1. Complete with the missing word: a. airde b. caintí c. lú d. leisiciúla e. torranaí f. dathúla
g. mó h. óige

2. Translate into English: a. My cousin b. More c. My uncle d. My grandparents e. My sister f. My bestfriend
g. Hard-working h. My friend i. Big j. Old k. Stubborn l. Lazy

3. Match up: Dícheallach – Hard-working **Dathúil** – Handsome **Deas** – Nice **Láidir** – Strong **Spórtúil** – Sporty
Sean – Old **Dúr** – Stupid

4. Spot and correct any translation mistakes: a. He is taller than me b. She is more pretty than Máire c. He is
quiter than me d. I am not smaller than him e. He is bigger than us f. Siún is older than Luke g. You are not more
sporty than me

5. Complete with a suitable word: a. airde* b. Tá, níos c. caintí* d. mo, níos, ná e. níos, mo f. lú* g. óige* h. níos

6. Match the opposites: Dathúil – Gránna **Dícheallach** – Leisciúil **Óg** – Sean **Mór** – Beag **Greannmhar** – Dáiríre
Ciúin – Torannach **Níos mó** – Níos lú **Spórtúil** – Leisciúil

READING (Page 67)

1. Find the Irish for the following items in George's text: a. Tá cónaí orm i b. Mo bheirt tuismitheoirí c. Níos airde
d. Níos spórtúla e. Níos déine f. Níos cabhraí g. Anuas air sin h. Lacha bheag i. Dhá pheata j. An-chairdiúil k. Lán le
fuinneamh l. Cósuil liom

2. Complete the statements about Vicky's text: a. 23 b. sisters c. friendly d. funny, hard-working e. farm f. lots

3. Correct the statements about Edward's text: a. trí b. - c. Is d. Andy e. déag f. ceanndána

4. Answer the questions on the three texts: a. South of the country b. Father c. Edward d. Vickly e. Edward
f. Not as strict as his mother g. Vicky h. Ayrton i. Ayrton is fitter and stronger than Paraic

TRANSLATION/WRITING (Page 68)

1. Translate into English: a. Big b. Quiet c. Small d. Tall e. Intelligent f. Stubborn g. Hard-working
h. Handsome/Pretty i. Chatty j. Old k. Strong l. Weak m. Affectionate n. Sporty

2. Gapped Sentences: a. airde, aintín b. láidre, sine c. níos d. dheartháir, cliste e. níos, cineálta, athair f. díograisí *
g. dáiríre, ná h. ceanndána

3. Phase-level translation: a. Tá mo mháthair níos b. Níos airde c. Níos lú d. Níos ceanndána ná e. Tá mé níos lú ná
f. Tá mo thuismitheoirí níos g. Tá mo chol ceathracha níos h. Níos spórtúla ná i. Tá siad níos láidre ná j. Tá mo
sheantuismitheoirí níos j. Tá mé níos leisciúla ná

4. Sentence-level translation: a.Tá mo dheirfiúr níos sine níos airde ná mo dheirfiúr níos óige b. Tá m'athair níos
ceanndána ná mo mháthair c. Tá mo bhean chéile níos díograisí* ná mé d. Níl mé níos cliste ná mo dheartháir
e. Tá mo dhlúthchara níos láidre agus níos spórtúla ná mé f. Tá m'fhear céile níos dathúla ná mé g. Tá mo chol
ceathracha níos cairdiúla ná muid h. Tá mo lacha níos torannaí ná mo mhadra i. Tá mo chat níos greannmhaire ná
mo thurtar j. Níl mo choinín níos mó ná mo mhuc ghuine

Revision Quickie 2 (Page 69)

1. Match up: Tógalaí – A builder **Feirmeoir** – A farmer **Altra** – A nurse **Garda** – A guard **Graugaire** – A hairdresser **Dochtúir** – A doctor **Freastalaí** –A server **Oibrí** – A worker

2. Categorise: Description – a, b, d, e, k, l, m, r, t **Pets** – o, q, s **Jobs** – c, g, h, n **Family** – f, i, j, p

3. Complete with the missing adjective: a. ard b. beag c. spórtúil agus cliste d. dathúla agus díograiseacha*

4. Complete with the missing jobs: a. fheirmeoir b. altra c. garda d. freastalaí e. bainisteoir f. dhochtúir g. múinteoir h. tógálaí

5. Match the opposites: Mór– Beag **Dathúil**– Gránna **Ard**– Íseal **Leisicúil** – Spórtúil **Cliste** – Dúr **Torannach** – Ciúin **Suimiúil** – Leadránach **Foighneach** – Mífhoighneach

6. Complete the ages below: a. Ceithre bliana déag b. Daichead bliain c. Seacht mbliana is seasca d. Trí bliana is caoga e. Aon bhliain is seachtó f. Naoi mbliana is nócha

7. Complete with the correct words: a. ard b. dhubh, orm c. altra d. daichead e. atá f. arda agus láidre g. Ní, oibríonn

 THE LANGUAGE GYM

Unit 10 - Saying what's in my school bag
Grammar Times 6 & 7: Bí & Agreements

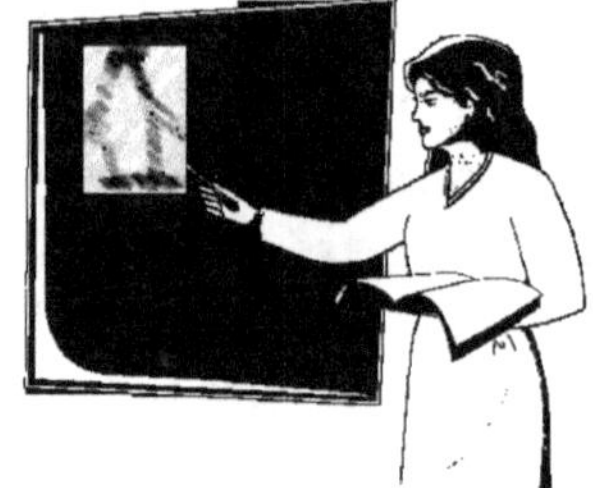

VOCABULARY BUILDING (Page 72)

1. Complete with the missing words: a. cóipleabhar b. scriosán c. peann d. bileog e. áireamhán f. cathaoir g. rialóir h. leabhar

2. Match up: Peann – A pen **Dialann** – A journal **Peann luaidhe**– A pencil **Cathaoir** – A chair **Tá ... agam** – I have a ... **Teastaíonn ... uaim** – I need **Níl ... agam** – I don't have **Scriosán** – An eraser **Leabhar** – A book

3. Translate into English: a. I have an eraser b. My friend has a journal c. I do not have an exercise copy d. I have a blue pen e. I do not have a white page f. I need a new book g. There is a computer in the room h. I do not have some pens

4. Add the missing letter: a. Peann dubh b. Mála c. Clár bán d. Níl ... agam e. Dialann f. Mo chara g. Níl ... aige h. Cóipleabhar

5. Anagrams: a. mála b. peann luaidhe c. ríomhaire d. dearg e. againn f. rialóir g. clár bán h. cathaoir

6. Broken words: a. I mo mhála scoile, tá cás agam b. I mo chás, tá cúpla peann luaidhe agam c. Níl scriosán agam d. Teastaíonn rialóir uaim e. Tá clár bán ann f. Tá cúpla peann gorm agam g. Teastaíonn peann uaim

7. Complete with a suitable word: a. peann* b. leabhar* c. an múinteoir* d. ann* e. dubh* f. dearg* g. leabhar* h. agam* i. cóipleabhar* j. gorm* k. bord*

READING (Page 73)

1. Find the Irish for the following items in George's text: a. Tá mé dhá bhliain déag d'aois b. Mo theaghlach c. Tá ceathrar d. Cóipleabhar bán e. Peann dearg f. Peann luaidhe buí g. An rud is fearr liom h. Níl ach rud amháin i. Sa bhaile

2. Find someone who: a. Andrea b. Emilie c. Leo d. Luke e. Leo f. Luke

3. Answer the following questions about Luke's text: a. 18 years old b. His father c. 20 d. Very nice e. Nothing f. White horse g. Very big

4. Fill in the table: Leo's text: a. ainm b. mé c. mbliana d. theaghlach e. ranga f. lán g. ann h. amháin i. tá j. bán* k. luaidhe l. bhán* m. dubh* n. bheag* o. tuath p. alla

5. Ríona: Age – 12 **Family members** – 4 and 1 cat **Items in pencil case** - Red pen, yellow pencil, pink ruler, white copy

Andrea: Age – 11 **Family members** – 3 and 1 rabbit **Items in pencil case** - Blue pencil, yellow pen, black ruler and an eraser

TRANSLATION (Page 74)

1. Faulty translations: a. In my classroom, we have 2 tables and a computer. I like my teacher b. There are not a lot of things in my pencil case. I have a black pen but I do not have an eraser c. There are 4 people in my family. I need a red pen and a journal d. I need some pens and glue. I do not have an exercise copy either. I hate my teacher! e. In my classroom, there is a dictionary and 30 tables. I need a calculator but I have a book

2. Translate into English: a. I need a black pen b. I have a green pen c. I have a blue pencil d. A red ruler e. I have a journal f. My friend has a book g. My father works as h. I really like my teacher i. Some yellow pens j. A big bag k. I have lots of things l. I do not have a journal m. I need a dictionary

3. Phase-level translation: a. Leabhar dearg b. Áireamhán dubh c. Níl... agam d. Teastaíonn ... uaim e. Is maith liom f. Tá g. Tá ... agam h. Tá ... ag cara liom*

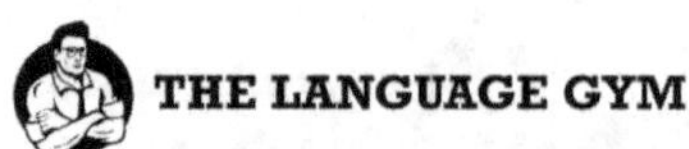

THE LANGUAGE GYM

4. Sentence-level translation: a. Tá fiche bord i mo sheomra ranga b. Tá clár bán ann c. Is duine deas é mo mhúinteoir d. Tá cúpla peann gorm agam e. Tá cúpla peann luaidhe glas agam f. Teastaíonn scriosán agus peann uaim g. Teastaíonn cathaoir agus leabhar uaim h. Tá mo sheomra ranga an-mhór agus deas i. Is múinteoir é m'athair

WRITING (Page 75)

1. Split sentences: a. Tá peann **dearg agam*** b. Teastaíonn **bileog uaim** c. I mo sheomra, tá **a lán rudaí** d. Níl mála **ag cara liom*** e. Ní maith liom **mo sheomra ranga** f. Tá peann **agam***

2. Rewrite the sentences in the correct order: a. Teastaíonn áireamhán uaim b. Tá rialóir dearg agus bileog bhán agam c. Is seomra ranga mór é d. Tá peann bán ag cara liom e. Níl peann gorm agam f. Sa bhaile, tá rialóir agam g. Tá cóipleabhar beag agam

3. Spot the errors: a. mo, bord* b. dubh c. a, rudaí d. bán e. theastaíonn f. chara g. múinteoir, m'athair h. bord, ranga

4. Anagrams : a. peann b. leabhar c. dialann d. bord e. dubh f. clár bán g. gliú

5. Write a paragraph for Natalia, Ian and Juliet using FIRST person:

Natalia: Natalia is ainm dom. Tá cónaí orm i mBaile Átha Cliath. Tá cóipleabhar agam. Níl peann agam. Teastaíonn dialann uaim

Ian: Ian is ainm dom. Tá cónaí orm sa Lú. Tá rialóir agam. Níl peann luaidhe agam. Teastaíonn bileog uaim

Michael: Michael is ainm dom. Tá cónaí orm i nGaillimh. Tá peann agam. Níl mála scoile agam. Teastaíonn gliú uaim

6. Write a paragraph for Daniel in the THIRD person:

Daniel: Daniel is ainm dó. Tá capall dubh aige. Tá gruaig dhonn air agus tá súile gorma aige. Tá peann, peann luaidhe, rialóir agus scriosán aige. Níl dialann, bileog, cathaoir nó ríomhaire aige. Teastaíonn mála scoile uaidh. Is é gorm an dath is fearr leis

Grammar Time 6 (Page 77)

Verb Drills 1

1. Match up: Tá ... agam – I have **Tá ... againn** – We have **Tá ... aige** – He has **Tá ... acu** – They have **Tá ... agaibh** – You (pl) have **Tá ... agat** – You have **Tá ... ag X** – X has

2. Complete the missing word: a. peataí b. cat liath c. dhá thurtar d. siblíní e. peataí f. muc ghuine g. peataí, chol ceathrar h. peataí, dheirfiúr

3. Complete with present tense 'Bí' and 'ag': a. Tá ... agam b. Tá ... agat c. Tá ... aige/aici d. Tá ... againn e. Tá ... acu f. Tá ... ag X

4. Add in the correct ending: a. agam b. ag m'uncail c. aige d. aici e. acu f. ag Liam g. agat h. agaibh

5. Complete with the missing form of 'ag': a. aige b. agat c. agam, agat d. againn e. acu f. agam g. ag Gráinne, ag mo dheirfiúr

6. Translate into Irish : a. Tá súile gorma ag m'athair b. Níl peataí agam c. Níl peann agam d. I mo chás, tá rialóir agam e. An bhfuil cúpla peann agat? f. Sa bhaile, tá madra agam g. Tá beirt deirfiúracha ag mo mháthair h. Níl uncailí ag m'athair i. An bhfuil trí choinín agaibh? j. Tá leabhar and cóipleahbar agam k. Tá bileog bhán agam

Verb Drills 2 (Page 78)

7. Translate the pronoun and the verb: a. Tá/Níl ... agam b. Tá/Níl ... agat c. Tá/Níl ... aici d. Tá/Níl ... aige e. Tá/Níl ... againn f. Tá/Níl ... agaibh g. Tá/Níl ... acu h. Tá/Níl ... ag X

8. Translate into Irish: a. Tá pearóid ghorm agam b. Tá dhá thurtar ghlasa agam c. Tá muc ghuine bhán ag mo dheartháir d. Tá capall dubh ag m'uncailí e. Tá damhán alla dearg agus dubh ag mo dheirfiúr f. Níl peataí againn sa bhaile g. An bhfuil peataí agat sa bhaile ?

9. Translate into Irish: a. Níl deartháireacha agam b. Tá seantuismitheoirí againn c. Níl aintíní ag mo mháthair d. An bhfuil deartháireacha nó deirfiúracha agat ? e. An bhfuil col ceathracha agaibh ? f. Níl deirfiúracha agam

10. Translate into Irish: a. Tá dhá chóipleabhar acu b. Tá ceithre chathaoir againn c. Tá trí pheann agam d. Tá deich mála agaibh e. Cé mhéad peann luaidhe atá aige ? f. Tá peann gorm amháin ag mo mháthair

11. Translate into Irish: a. Tá súile donna agam b. Tá súile gorma againn c. Tá súile glasa aici d. Tá súile gorma ag mo mháthair e. An bhfuil súile glasa agat ? f. Níl súile glasa acu g. Tá súile donna ag mo dheartháir h. An bhfuil súile donna againn? j. Tá súile glasa agaibh k. Tá súile gorma ag mo thuismitheoirí l. Tá súle gorma agat m. Tá súile glasa ag mo dheirfiúr

Grammar Time 7 (Page 79)

1. Complete the table: Buí - Yellow **Pink** – Bándearg **Grey** – Liath **Green** – Glas Red – **Dearg Purple** – Corcra **Navy** – Dúghorm Black – **Dubh** White – **Bán** Blue – **Gorm**

2. Translate into English: a. A black pen b. A big school c. A tall man d. A friendly aunt e. A white rabbit f. A black bird g. A young sister h. A small parrot i. A white page j. A red bag

3. Write the feminine version of the adjective: a. dhubh b. mhór c. shuimiúil d. óg e. chliste f. leadránach g. ghlas

4. Complete the missing adjective: a. dearg b. dubh c. gorm d. buí e. bhán f. dubh g. gorm h. ghlas

5. Translate into Irish: a. Peann dearg b. Rialóir dubh c. Mála scoile glas d. Peann luaidhe buí e. Rialóir glas f. Cúpla cóipleabhar ghorm g. Cúpla bileog bhándearg

6. Translate into Irish: a. Tá peann dearg agus peann luaidhe gorm agam b. Tá mála scoile glas ag Emmet c. An bhfuil cás bán agat? d. An bhfuil peann luaidhe dearg agat? e. Tá bileog bhándearg agam f. Tá mála scoile buí againn g. Tá rialóir dubh agus bán aige

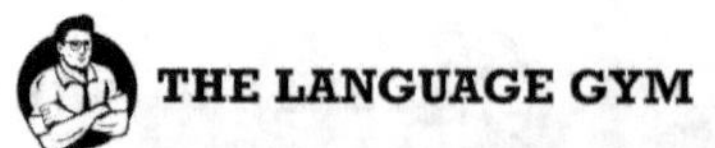

Unit 11 - (Part 1/2)
Talking about food:
Likes/dislikes and why

Grammar Time 8: Ól/Ith

VOCABULARY BUILDING (PART 1) (Page 82)

1. Match up: Bananaí – Bananas **Súnna talún** – Strawberries **Feoil** – Meat **Sicín** – Chicken **Uisce** – Water
Bainne – Milk **Uibheacha** – Eggs **Cloicheáin** – Prawns **Burgair** – Burgers **Torthaí** – Fruit **Prátaí** – Potatoes
2. Complete: a. sicín b. cloicheáin c. súnna talún d. bainne e. bananaí f. uisce g. trátaí h. sicín i. torthaí
j. uibheacha
3. Translate into English: a. I like fruit b. I hate eggs c. I love chicken d. I like burgers e. I hate meat f. I prefer
oranges g. I don't like tomatoes h. I really like milk
4. Complete the words: a. Torthaí b. Prátaí c. Uisce d. Feoil e. Cáis f. Trátaí g. Bananaí h. Uibheacha
5. Fill in the gaps: a. Itheann Seán b. Ólann Siún c. Itheann Seán d. Itheann Seán e. Ólann Siún f. Itheann Seán
g. Ólann Siún h. Itheann Seán i. Itheann Seán
6. Translate into Irish: a. Is maith liom uibheacha b. Is aoibhinn liom oráistí c. Is fuath liom trátaí d. Ní maith liom
cloicheáin e. Is aoibhinn liom torthaí f. Ní maith liom glasraí g. Is breá liom bainne

VOCABULARY BUILDING (PART 2) (Page 83)

1. Complete the missing words: a. gránna b. go hálainn c. an-spíosrach d. feoil e. an-mhilis f. míshláintiúil
g. sláintiúil h. bainne
2. Complete the table: a. Bainne – **Milk** b. **Sicín** – Chicken c. Cloicheáin – **Prawns** d. Uibheacha – **Eggs** e. **Uisce** –
Water f. **Arán** – Bread g. Torthaí – **Fruit** h. Trátaí – **Tomatoes** i. **Glasraí** – Vegetables
3. Complete with Ólann sé or Itheann sí: a. Itheann sí b. Ólann sé c. itheann sí d. Itheann sí e. Itheann sí f. Ólann
sé g. Ólann sé h. Itheann sí
4. Broken words: a. Ní maith liom uibheacha b. Is aoibhinn liom úlla c. Is fuath liom burgair d. Is breá liom milseáin
e. Tá caife blasta f. Tá iasc sláintiúil g. Tá piobar spíosrach h. Tá uisce sláintiúil
5. Complete each sentence: a. liom* b. blasta* c. itheann d. maith* e. blasta* f. burgair* g. uibheacha*

READING (Page 84)

1. Find the Irish for the following items in Robert's text: a. Is fearr liom bia na mara b. Ithim cloicheáin c. Blasta
d. Bradán e. Go háirithe f. Is aoibhinn liom g. Chuile shaghas h. Thar aon ní eile i. Níl siad blasta
2. Write the person's name for each statement: a. Robert b. Alex c. Jim d. Robert e. Robert f. Riain g. Riain
h. Jim i. Riain
3. Complete the sentences based on Alex's text: a. Fruit and vegetables b. They are healthy c. They are good for
the body d. Salmon, he does not like the taste e. like chips
4. Complete the table about Jim: **Likes** – Fruit **Really likes** – Burgers, cheese **Hates** – Tomatoes, carrots **Can't eat** –
Eggs

TRANSLATION (Page 85)

1. Faulty translations: a. I hate fruit b. I love meat c. I like honey d. I don't like apples e. Eggs are disgusting
f. Potatoes are full of vitamins g. Fish is healthy h. I prefer milk i. I love bananas j. I really like salad k. I really like
coffee l. Pepper is spicy m. I hate bread

2. Translate into English: a. Meat is very tasty b. Fish is good for the body c. I really like fresh tomatoes d. I love boiled rice e. Meat is good for the body f. She eats chips g. Eggs are disgusting h. I prefer water i. I like steak j. I don't like vegetables at all k. I really like carrots l. Coffee is very tasty m. Roast potatoes are very good n. Vegetables are full of vitamins

3. Phase-level translation: a. Sicín spíosrach b. An caife seo c. Is breá liom d. An-mhilis e. Úll gránna f. Cúpla oráiste blasta g. Ní maith liom h. Is aoibhinn liom i. Iasc blasta j. Uisce k. Sicín rósta

4. Sentence-level translation: a. Is breá liom sicín spíosrach b. Is maith liom oráistí mar go bhfuil siad sláintiúil c. Tá feoil blasta ach míshláintiúil d. Tá an caife seo an-mhilis e. Tá uibheacha gránna f. Is aoibhinn liom oráistí mar go bhfuil siad blasta agus lán le vitimíní g. Is aoibhinn liom iasc mar go bhfuil sé blasta agus lán le próitéin h. Tá glasraí gránna i. Is fearr liom bananaí j. Tá an tae seo milis

WRITING (Page 86)

1. Split sentences: a. Is maith liom **uibheacha scrofa*** b. Is fuath liom glasraí mar **go bhfuil siad gránna** c. Is fearr liom **caife agus bainne*** d. An bia **seo*** e. Is maith liom **feoil agus stéig*** f. Tá sceallóga **blasta agus míshláintiúil** g. Is aoibhinn liom **úlla freisin***

2. Rewrite the sentences in the correct order: a. Is breá liom sicín agus prátaí b. Is fuath liom glasraí c. Tá an caife seo blasta d. Tá sceallóga míshláintiúil e. Is fearr liom uisce f. Tá glasraí gránna g. Is breá liom oráistí mar go bhfuil siad milis h. Is fuath liom bainne

3. Spot the error: a. liom b. maith c. gránna d. aoibhinn e. Is*, fearr* f. fuath

4. Anagrams: a. gránna b. blasta c. feoil d. iasc e. sláintiúil f. breá úr d. milis

5. Write a paragraph for Natalia, Iain and Julieta using FIRST person:

Natalia: Natalia is ainm dom. Is aoibhinn liom chorizo mar go bhfuil sé spíosrach. Is breá liom bainne mar go bhfuil sé sláintiúil. Ní maith liom feoil. Is fuath liom uibheacha mar go bhfuil siad gránna

Ian: Ian is ainm dom. Is aoibhinn liom sicín mar go bhfuil sé sláintiúil. Is breá liom oráistí mar go bhfuil siad milis. Ní maith liom iasc. Is fuath liom feoil mar go bhfuil sí míshláintiúil

Julieta: Julieta is ainm dom. Is aoibhinn liom mil mar go bhfuil sí milis. Is breá liom iasc mar go bhfuil sé blasta. Ní maith liom torthaí. Is fuath liom glasraí mar go bhfuil siad leadránach

6. Write a paragraph for Ryan in the THIRD person:

Ryan: Ryan is ainm dó. Tá sé ocht mbliana déag d'aois. Is duine ard, dathúil, spórtúil agus cairdiúil é. Is dalta é. Is aoibhinn leis sicín. Is maith leis glasraí. Ní maith leis feoil. Is fuath leis iasc

Grammar Time 8 (Page 88)

1. Match up: Ithim – I eat **Itheann tú** – You eat **Itheann sí** – She eats **Itheann muid** – We eat **Itheann sibh** – You (pl) eat **Itheann siad** – They eat

2. Translate into English: a. He eats potatoes now and again b. She never drinks milk c. We never eat meat d. Liam eats chips e. We drink water f. They eat chicken g. She drinks orange juice h. Do you eat chicken? i. What do you (pl) eat? j. She drinks milk often

3. Spot and correct the mistakes: a. athair b. itheann* c. Ní, itheann*, mháthair d. Ólann, dheartháir, ~~sú~~ e. Ólann f. mháthair, lá g. An, sibh h. Céard, ólann

4. Complete: a. feoil* b. bainne* c. An d. tae e. ólann f chara* g. iasc* h. itheann

5. Translate into Irish: a. Ithim prátaí b. Ólann muid sú oráiste c. Céard a itheann tú? d. Céard a ólann sibh? e. Itheann muid a lán feola f. Ní itheann said feoil riamh g. Ní itheann siad glasraí riamh h. Ólann muid a lán uisce

6. Translate into Irish: a. Ní ithim feoil riamh. Ni maith liom é mar go bhfuil sé míshláintiúil b. Ní ithim ispíní go minic. Ní maith liom iad mar go bhfuil gránna c. Ólaim sú oráiste go minic. Is aoibhinn liom é mar go bhfuil sé go hálainn agus sláintiúil d. Ithim trátaí gach lá. Is aoibhinn liom iad mar go bhfuil siad an-bhlasta e. Ithim glasraí go hannamh. Tá siad sláintiúil ach ní maith liom iad mar go bhfuil siad gránna f. Ní ólaim tae nó caife riamh mar nach maith liom iad

Unit 12 - (Part 2/2)
Talking about food: Likes/dislikes and why
Grammar Times 9 & 10: Counting & Agreements

VOCABULARY BUILDING (Page 91)

1. Match up: **Uisce** – Water **Iasc** – Fish **Rís** – Rice **Ceapaire** – A sandwich **Sicín rósta** – Roast chicken **Feoil** – Meat **Bainne** – Milk **Bradán** – Salmon **Mil** – Honey **Cáis** - Cheese **Ispíní** – Sausages **Súnna talún** – Strawberries **Glasraí** – Vegetables **Torthaí** – Fruit

2. Complete with the missing words: a. bia na mara b. sailéad c. glasraí d. úlla e. sicín f. feoil g. bananaí h. mil i. iasc

3. Complete the missing letters: a. Uisce b. Feoil c. Torthaí d. Úlla e. Piorraí f. Prátaí g. Bia na mara h. Sú talún i. Milis j. Iasc k. Cairéid l. Rís m. Ceapaire n. Cáis o. Arán p. Maith q. Sailéad r. Spíosrach

4. Match up: **Gránna** – Disgusting **Go minic** – Often **Blasta** – Tasty **Go hálainn** - Delicious **Milis** – Sweet **Go maith** – Good **Láidir** – Strong **Bealaithe** – Oily **Gach lá** – Every day **Sláintiúil** - Healthy **Riamh** – Never

5. Sort the items in the appropriate category: **Torthaí:** i, j, l, v **Glasraí:** b, n, w **Aidiachtaí:** a, d, e, g, k, m, p **Iasc agus Feoil:** c, f, q, r, s, t **Bia déanta as bainne:** h, o, u, x

READING (Page 92)

1. Find the Irish for the words in Franc's text: a. Uibheacha b. Tae c. Milis d. Siúrca e. Am lóin f. Sicín g. Rósta h. Tar éis i. Cupán j. Mil k. Glasraí l. Sláintiúil m. Go hálainn n. Dinnéar o. Rís p. Blasta q. Feoil

2. Complete the sentences based on Franc's text: a. Egg , toast b. Tea, sugar c. lunchtime, roast, chicken, potatoes, glass, water d. good for the body e. brown bread, honey f. have different things g.we have fish g. On Wednesday

3. Find the Irish for the following in Robert's/Franc's text: a. Ní ithim mórán ar maidin b. Ag am lóin, ithim c. Sicín rósta d. Dinnéar ollmhór e. Is cuma liom f. Rudaí difriúla g. Cupán caife h. Tar éis na scoile i. Rís j. An mhil sin ó chomharsana linn k. Déanach i. Lán go béal m. Banana nó úll

4. Who says this: a. Robert* b. Robert c. Robert d. Robert e. Franc f. Franc g. Robert h. Robert i. Robert j. Franc k. Franc l. Franc

5. Answer the following questions on Eoin's text: a. Cereal b. Scone, rice, chicken and vegetables* c. 2 litres of water d. Milk e. Chicken f. It is full of vitamins g. Ham and cheese h. Ice cream and jelly. Then he has a cup of coffee

6. Find the following in Eoin's text: a. Milseog b. Pónairí c. Tae d. Sicín e. Ceapire f. Uachtar reoite g. Maidin h. Liamhás i. Ól j. Scóna k. Blasta* l. Bainne

WRITING (Page 94)

1. Split sentences: a. Itheann sé go leor **úlla*** b. Ithim calóga **le bainne** c. Bíonn ceapaire a bhfuil liamhás **ann agam** d. Is maith liom **sicín rósta*** e. Tá feoil blasta ach **míshláintiúil** f. Tá curaí **an spíosrach** g. Is fearr liom **sailéad*** h. Ólaim tae **agus caife***

2. Complete with a suitable word: a. iasc b. ithim c. calóga* d. feoil*, iasc* e. agam* f. uisce* g. mil* h. míshlaintiúil* i. iasc* j. maidin, cupán k. sceallóga*

3. Spot and correct the mistakes: a. sceallóga, agus, dinnéar b. uisce, bainne c. liom, sí, gránna d. Is e. na, le, hithe f. Ólaim g. liom h. iasc, glasraí i. go j. sé

4. Complete the words: a. Lón b. Dinnéar c. Bricfeasta d. Spíosrach e. Bealaithe f. Milis g. Sláintiúil

5. Write a paragraph for Eilis, Sam and Julieta using FIRST person:

Eilis: Eilis is ainm dom. Ithim sicin agus rís don lón sa chistin le mo dheartháir. Ina dhiaidh sin, téim go dtí an trá

Sam: Sam is ainm dom. Ithim burgair sa seomra bia le mo dheirfiúr. Ina dhiaidh sin, léim leabhar

Julieta: Julieta is ainm dom. Ithim sailéad sa ghairdín le mo mháthair. Ina dhiaidh sin, éistim le ceol

6. Sentence-level translation: a. Is aoibhinn liom sú torthaí mar go bhfuil sé milis agus sláintiúil b. Ní maith liom bradán mar go bhfuil sé gránna c. Tar éis na scoile, ithim ceapaire a bhfuil cáis ann d. Ólaim tae le mil de shíor. Is maith liom é mar go bhfuil sé milis e. Is maith iasc ach níl sicín an-bhlasta

Grammar Time 9 (Page 95)
Drills

1. Complete the missing words: a. chóipleabhar b. dochtúirí c. bhuidéal d. múinteoirí e. altraí f. bpeann g. mharda h. tógálaithe

2. Complete with the missing number: a. ceathrar b. trí c. deichniúr d. sé, déag e. beirt f. ceithre g. naonúr h. cúigear i. deich

3. Spot and correct errors: a. bhuidéal b. fhuinneog c. mbróg d. ndoras e. Cúig f. Sé g. mála h. Seacht i. Trí bhord déag

4. Translate into Irish: a. Ceathrar múinteoirí b. Seacht mbord c. Naonúr glantóirí d. Sé mhadra dhéag e. Beirt chairde f. Trí chathaoir g. Ochtar oibrithe monarchan h. Amhránaí amháin

5. Translate into English: a. Four plates b. Six teachers c. Seven doctors d. Nineteen cars e. Five pens f. Ten copies g. Three nurses h. Seven brothers

6. Translate into Irish: a. Triúr cairde agus trí mhadra b. Ceithre choinín agus ceathrar dochtúirí c. Seisear altraí agus sé ghloine d. Deich mbileog agus deichiúr freastalaithe e. Beirt aithreacha agus dhá pheata f. Ocht ríomhaire agus ochtar tógálaithe g. Naoi bpeann luaidhe agus naonúr múinteoirí h. Seachtar gardaí agus seacht seomra i. Cúigear gardaí agus cúig bhileog j. Fear amháin agus aon mhadra amháin k. Deichniúr altraí agus deich rialóir l. Sé bhabhla agus seisear deirfiúracha

Grammar Time 10 (Page 98)

1. Choose the correct option: a. mór b. salacha c. caol d. shuimiúil e. beag f. ghlas g. costasacha h. glan

2. Write the feminine version of the adjectives: a. **dearg** – dhearg b. glas – **ghlas** c. **suimiúil** – shuimiúil d. tapa – **thapa** e. mór – **mhór** f. **salach** – shalach e. glan – **ghlan** f. beag – **bheag**

3. Translate into English: a. A red car b. A dirty restuarant c. Big footpaths d. A small woman e. A thick door f. Green pages

4. Tick off the correct sentences and correct the incorrect ones: a. ✓ b. ✓ c. trí d. dearg e. glas f. ~~daoine~~

5. Complete: a. chóipleabhar b. deirfiúracha c. mhór d. triúr e. mbord

6. Translate into Irish: a. Tá iasc gránna b. Tá ceathrar i mo theaghlach c. Tá an caife seo milis d. Tá cúig pheata agam e. Is múinteoirí iad mo bheirt deartháireacha f. Tá oráistí an-sláintiúil g. Tá dhá mhadra agus beirt deirfiúracha aici

Question Skills 2 (Page 99)

1. Translate into English: a. What do you eat in the morning? b. What job does your mother have? c. What is in your school bag? d. What is your favourite food? e. What do you drink at lunchtime? f. Do you like orange juice? g. Why do not you like meat? h. Do you eat vegetables every day? i. After school, do you eat something small? j. What pets would you like to have? k. What type of person is your sister? l. Who do you eat your dinner with?

2. Match the answer to activity 1: 1. f 2. k 3. l 4. h 5. j 6. i 7. g 8. b 9. c 10. e 11. a 12. d

3. Provide questions to the following answers*: a. An maith leat feoil? b. An itheann sé glasraí? c. Cén post atá ag d'athair? d. An itheann tú torthaí? e. An maith leat rís agus sicín? f. An maith leat iasc? g. Cé mhéad píosa torthaí a itheann tú gach lá? h. Cárbh as duit? i. An bhfuil peata agat sa bhaile? j. Cén ceann is fearr leat – bainne nó uisce? k. An oibríonn d'athair? l. Céard atá sa mhála scoile agat?

4. Complete: a. An bhfuil peata agat? b. Cé mhéad deartháir* atá agat? c. An maith leat* feoil? d. Céard a itheann tú ar maidin? e. Céard é an bia is fearr leat? f. Céard atá sa mhála scoile agat? g. Cé leis a n-itheann tú do dhinnéar? h. An maith leat iasc?

Unit 13 - Talking about clothes

Grammar Time 11: Regular Verbs in the Present Tense
Revision Quickie 3: Jobs, food, clothes, numbers 20-100

VOCABULARY BUILDING (Page 102)

1. Match up: Caipín – A baseball cap **T-léine** – A t-shirt **Gúna** – A dress **Bróga reatha** – Sports shoes **Bríste** – Trousers **Culaith** – A suit **Fáinní cluaise** – Earrings

2. Translate into English: a. I wear a red dress b. I do not wear black sports shoes c. She wears yellow shorts d. He wears a blue and green jumper e. My father does not wear glasses f. My brother does not wear a shirt g. My friend wears a white jacket h. We do not wear sports clothes i. Usually, she wears slippers j. She wears sandals on the beach k. My sister does not wear a rain jacket l. She does not wear multi-coloured socks

3. Complete with the missing word: a. Caithim, t-léine b. Caithim, geansaí c. Caithim, gorma d. trá, culaith, shnámha e. Ag, an, gclub, gúna, bróga sála arda f. bróga, reatha, bána g. caithim

4. Anagrams: a. gúna b. geansaí c. hata d. slabhra e. léine f. cóta g. bróga h. scaif i. bríste j. mála k. cuaráin l. fáinní cluaise

5. Associations: a. An cloigeann - **hata, caipín** b. Na cosa – **stocaí, bróga, slipéir, cuaráin** c. Na géaga - **bríste** d. An muinéal – **scaif, slabhra** e. An cliabhrach- **geansaí, léine, cóta, t-léine, carbhat** f. Na cluasa - **fáinní cluaise** g. An rosta – **uaireadóir**

6. Complete: a. bróga b. bhaile c. uaireadóir d. carbhat e. culaith f. veist g. gúna

READING (Page 103)

1. Find the Irish for the words in Charlotte's text: a. Cúig bliana déag b. Spórtúil c. Go leor éadaí spóirt d. Lipeidí e. Sa bhaile f. Nuair a bhím le g. Mo chairde h. Fáinní cluaise i. Gúna dearg agus dubh j. Bróga compordacha

2. Find the Irish for the words in Mícheál's text: a. Ní mór dúinn b. Éadaí scoile c. Geansaí gorm agus bríste liath d. Téim go dtí an spórtlann e. Éadroim f. Éasca le baint díom g. Ag cur allais h. Nuair a théim amach i. Fíorchompordach

3. Complete the following statements about Ray: a. 13 b. clothes c. shoes d. sleeveless, t-shirts, sandals e. more than

4. Answer in Irish the questions about Leah: a. Leah is ainm di b. Tá sí cúig bliana déag d'aois c. Ceannaíonn sí éadaí sa siopa is fearr léi d. Dubh e. Cóta agus scaif

5. Find someone who: a. Charlotte b. Ray c. Mícheál d. Charlotte e. Ray f. Leah g. Charlotte h. Mícheál i. Leah

WRITING (Page 104)

1. Split sentences: a. Sa bhaile, **caithim slipéir** b. Nuair a bhíonn sé te, **caithim gúna deas** c. Ag an spórtlann, **caithim bróga reatha** d. Nuair a bhíonn sé fuar, **caithim scaif** e. Ní maith liom **éadaí costasacha** f. Nuair a théim amach, **caithim sciorta** g. Is maith liom éadaí **compordacha** h. Is é bán **an dath is fearr liom**

2. Complete with the correct option: a. Nuair, a, chairde b. caitheann c. éadaí d. culaith, shnámha e. éadroime f. geansaí g. cóta, mór

3. Spot and correct the mistakes: a. a, théim, thuismitheoirí, caithim, galánta b. bhaile, dhubha c. agam d. dheartháir, geansaí e. scoil, dúinn, scoile, chaitheamh f. fearr, liom, éadaí g. théim, bróga h. leis, spóirt

4. Complete the words: a. Sciorta b. Culaith c. Fáinní cluaise d. Bríste e. Bróga f. Scaif g. Geansaí

5. Write a paragraph for Alex, Franc and Julia using FIRST person:

Alex: Alex is ainm dom. Tá cónaí orm i mBaile Átha Cliath. Caithim gúna dubh de shíor. Ní chaithim bríste riamh. Is fuath liom fáinní cluaise

Franc: Franc is ainm dom. Tá cónaí orm i nGaillimh. Caithim t-léine bhán. Ní chaithim cóta riamh. Is fuath liom uaireadóir

Julia: Julia is ainm dom. Tá cónaí orm i Laois. Caithim brístí géine de shíor. Ní chaithim brístí gearra riamh. Is fuath liom scaif

6. Write a paragraph for Joe using THIRD person:

Joe: Joe is ainm dó. Tá sé fiche bliain d'aois. Tá cónaí air i Londain. Tá gruaig fhionn chatach air. Tá madra dubh aige. Caitheann sé culaith de shíor. Ní chaitheann sé brístí géine riamh. Nuair a théann sé go dtí an spórtlann, caitheann sé éadaí spóirt agus bróga reatha bána

Grammar Time 11 (Page 105)
Drills

1. Complete with the missing verb endings: a. Caitheann b. Ólann c. Filleann d. ghlanann e. Gearrann f. Tuilleann g. ndúnann h. ritheann i. líonann j. Féachann

2. Complete with the missing verb endings: a. Caitheann b. Féachann c. ólann d. bhriseann e. Caitheann f. Glanaim g. Filleann h. chuireann

3. Complete with the correct form of each verb: a. Briseann b. Ritheann c. Dúnann d. gcaitheann e. líonann f. bhféachann g. Tuilleann h. ngearrann i. Ólann

4. Complete with the correct form of the verb: a. léimeann b. Caithim c. Féachaim d. Ólann e. bhfilleann f. ritheann

5. Translate into English: a. They drink tea in the morning b. I cut the grass every Saturday c. They do not wear shorts d. She fills the washing machine e. They do not close the window even when it is raining f. They jump the wall when the dog barks g. We do not break the rules

6. Translate into Irish: a. An gcaitheann tú bróga reatha? b. Líonaim an miasnitheoir c. Glanann muid an seomra gach lá d. Ritheann m'athair ar maidin e. Ní ghlanann mo mháthair a bróga f. Féachann sé ar scánnan sa phictiúrlann g. Cén sórt éadaí a chaitheann tú go minic? h. Ní chaitheann siad éadaí scoile i. Ag an spórtlann, ólaim uisce j. Filleann sé ar a haon a chlog

Revision Quickie 3 (Page 107)

1. Complete: a. Céad b. Nócha c. Tríocha d. Caoga e. Ochtó f. Seasca g. Daichead

2. Translate into English: a. Often b. Orange juice c. A chicken d. A blue jumper e. Healthy f. A cup of coffee g. Meat h. Sports shoes i. A necklace j. Seafood k. Dinner time l. Shorts m. Protein n. Pork

3. Write in a word for each letter in the categories below:* **S** – scaif, sailéad, seachtó, scríbhneoir **T**- t-léine, tae, trí, tiománaí **C**- cóta, caife, cúig, cuntasóir **M**- mála, mairteoil, míle, múinteoir

4. Match up: X is ainm dom – My name is X **Tá … agam** – I have … **Tá mé** – I am **Ar maidin** – In the morning **Mar** – As **Ólann sí** – She drinks **Tá cónaí orm** – I live **Oibríonn sé** – He works **Am lóin** Lunchtime **Go minic** – Often **Múinteoir** – A teacher **Freastalaí** – A server

5. Translate into English: a. She does not wear dresses b. I eat eggs in the morning c. My father works as a doctor d. She drinks coffee often e. My mother is a server f. She does not eat meat because it is unhealthy g. My sister is a worker h. We do not eat at a lot at lunchtime except a sandwich i. I prefer chips and chicken

Unit 14 - Saying what I and others do in our free time
Grammar Time 12: Imir, Déan, Téigh

VOCABULARY BUILDING (Page 110)

1. Match up: Imrím cispheil – I play basketball **Téim ag iascaireacht** – I go fishing **Téim ar shiúlóidí** – I go hiking **Imrím cártaí** – I play cards **Téim ag snámh** – I go swimming **Imrím ficheall** – I play chess **Téim ag damhsa** – I go dancing **Déanaim sciáil** – I do skiing

2. Complete with the missing word: a. ficheall b. capaill c. Imrím d. rothaíocht e. cispheil f. iascaireacht g. shiúlóidí h. Téim i. Déanaim j. m'obair bhaile

3. Translate into English: a. I go swimming b. I do my homework c. He does not do sport d. Siún goes to the gym e. My dad goes fishing f. My brother plays football g. My mam does not play basketball i. I go with my freinds to the swimming pool every day i. Max does gymnastics every day j. Tadhg does not go hiking when the weather is bad

4. Complete: a. marcaíocht capaill b. ag snámh c. iascaireacht d. cártaí e. ficheall f. shiúlóidí g. spórt h. dreapadóireacht

5. Choose Imrím or Déanaim: a. Imrím b. Déanaim c. Déanaim d. Imrím e. Imrím f. Imrím g. Déanaim h. Imrím i. Déanaim

6. Bad translation: a. He goes dancing rarely b. I do not play chess often c. I go swimming rarely d. She goes hiking when the weather is bad e. I go cycling every second day f. I play basketball twice a fortnight g. We go to the gym every day

READING (Page 111)

1. Find the Irish for the words in Thomas' text: a. Imrím go leor spóirt b. An spórt is fearr liom c. Dreapadóireacht d. Gach lá e. Nuair a bhíonn an aimsir go dona f. Imrím ficheall g. Chomh maith leis sin h. Imrím ar an Playstation

2. Find the Irish for the words in Ronan's text: a. Is breá liom ag rothaíocht b. Le mo chairde c. Uaireanta d. Téim ag snámh e. Téim ag damhsa f. Téim ag dreapadóireacht g. Le cara liom Julie

3. Complete the following statements about Verónica: a. Dublin b. sporty c. cards d. hiking e. best friend Áine e. pool

4. List 8 details about Nicola: a. She is a very tall and strong person b. She plays basketball c. She plays basketball with her club d. She and her sister play football e. They love football f. Her family goes cycling every fortnight g. Her parents go fishing now and again h. Her parents are fit people

5. Find someone who: a. Thomas b. Verónica c. Verónica d. Nicola e. Ronan

TRANSLATION (Page 112)

1. Gapped translation: a. often b. basketball c. doesn't play d. ficheall e. cártaí f. hiking g. Every, day h. maith, iascaireacht

2. Translate into English: a. Now and again b. A gym c. When the weather is bad d. With my friends e. Every fortnight f. A swimming pool g. Weather h. Twice a week i. The sports centre

3. Translate into English: a. She goes to the gym every week b. He plays cards with his grandfather c. We do not go hiking when the weather is bad d. She does gymnastics in the sports centre e. They do not play football but they play basketball f. We do homework every day

4. Translate into Irish: a. Ag rothaíocht b. Ag dreapadóireacht c. Cispheil d. Iascaireacht e. Gleacaíocht f. Cluichí Ríomhaire g. Ficheall h. Cártaí i. Siúlóidí j. Lúthchleasaíocht

Translate into Irish: a. Déanaim lúthchleasaíocht b. Imrím ficheall c. Déanaim dreapadóireacht d. Téim ag snámh e. Déanaim marcaíocht capaill f. Déanaim gleacaíocht g. Téim ag damhsa h. Imrím cluichí ríomhaire i. Téim ag rothaíocht j. Téim ar shiúlóidí

WRITING (Page 113)

1. Split sentences: a. Téann sí **ag snámh** b. Imríonn siad **ficheall*** c. Déanann siad sciáil **ar na sléibhte** d. Téann sí ag snámh **sa linn snámha** e. Ní théann muid ar **shiúlóidí** f. Téann Úna ag **dreapadóireacht** g. Imríonn siad peil **leis an gclub peile** h. Imríonn sí **peil gach lá***

2. Complete the sentences: a. lá* b. snámh* c. Imrím d. Déanaim e. peil*, ficheall* f. snámh, snámha g. gleacaíocht* h. peil* i. sciáil*

3. Spot and correct the mistakes: a. Téim, ag b. sé* c. Téim, mo d. Déanann e. ar f. san ionad spóirt g. ~~dtí,~~ charad

4. Complete the words: a. Rothaíocht b. Dreapadóireacht c. Lúthchleasaíocht d. Snámh e. Marcaíocht capaill f. Ficheall g. Cártaí

5. Write a paragraph for Julie, Dylan and Áine using FIRST person:

Julie: Julie is ainm dom. Téim ag snámh gach lá le mo dheirfiúr sa linn snámha. Tá sé spraíúil

Dylan: Dylan is ainm dom. Déanaim gleacaíocht go minic le mo chara James san ionad spóirt. Tá sé sláintiúil

Áine: Áine is ainm dom. Téim ar shiúlóidí nuair a bhíonn an aimsir go maith le mo theaghlach ar na sléibhte. Tá sé taitneamhach

Grammar Time 12 (Page 115)

1. Match up: Déanann muid – We do **Déanann sé/sí** – He/She does **Déanann tú** – You do **Déanann siad** – They do **Déanann sibh** – You (pl) do **Déanaim** – I do

2. Complete the sentence: a. iománaíocht b. seoltóireacht c. peil d. dornálaíocht e. eitpheil f. bádóireacht g. leadóige h. reatha i. chispheile

3. Translate into Irish: a. Ar an Luan b. Ar an Déardaoin c. Ar an gCéadaoin d. Ar an Satharn e. Ar an Máirt f. Ag an deireadh seachtaine g. Ar an Aoine h. Ar an Domhnach i. Tar éis na scoile

4. Complete with Imríonn, Déanann, Téann: a. Imríonn b. Téann c. Imríonn d. Déanann e. Déanann f. Imríonn g. Déanann h. Téann i. Imríonn j. Imríonn

5. Spot and correct the translation errors: a. You go fishing b. You go to the park c. You (pl) go to the running track d. We go to the beach when the weather is good

6. Complete the sentences by filling in the missing letters: a. Téim ag i**as**caireac**ht** b. Déanann siad s**eolt**óireac**ht** c. Téann muid go dtí an **trá** d. Déanann sé s**ciái**l

7. Complete with a suitable location: a. linn snámha b. abhainn c. ionad spóirt d. chispheile e. imeartha f. halla damhsa g. imeartha h. sléibhte

8. Complete with a suitable sport/activity: a. bádóireacht* b. snámh* c. sciáil* d. gleacaíocht* e. peil* f. cispheil* g. sciáil* h. lúthchleasaíocht i. iománaíocht* j. ag snámh k. eitpheil*

9. Translate into English: a. I play football often b. I do my homework c. We go to the gym now and again d. I do not go swimming e. When the weather is good, I go to the beach f. Sometimes, I play basketball g. When the weather is bad, I play games

10. Translate into Irish: a. Ní théann muid go dtí an linn snámha riamh b. Déanann siad spórt go hannamh c. Imríonn sí cispheil gach lá d. Nuair a bhíonn an aimsir go maith, téim ar shiúlóidí e. Téim ag rothaíocht go hannamh f. Déanaim dreapadóireacht ar an Satharn g. Imríonn m'athair agus mé féin badmantan go minic h. Imríonn mo dheirfiúr leadóg dhá uair sa tseachtain i. Téim go dtí an linn snámha ar an Máirt j. Nuair a bhíonn an aimsir go dona, téim go dtí an spórtlann k. Déanann siad obair bhaile go hannamh l. Imríonn muid ficheall anois is arís

Unit 15 - Talking about weather and free time

Grammar Time 13: Irregular verbs in the Present tense
Revision Quickie 4: Clothes / Free time / Weather

VOCABULARY BUILDING 1 (Page 119)

1. Match up: Nuair a bhíonn sé grianmhar – When it is sunny **Nuair a bhíonn sé te**– When it is hot **Nuair a bhíonn sé ag báisteach**– When it is raining **Nuair a bhíonn sé geal** – When it is bright

2. Complete the missing word: a. dona b. báisteach, fuar c. grianmhar, te d. stoirmiúil, bhaile e. aimsir, pháirc f. sneachta, sciáil g. aimsir, bhaile

3. Translate into English: a. When it is sunny b. When it is foggy c. When it is bright d. When it is snowing e. When it is cloudy f. When the weather is good g. When it is cold h. When the weather is bad i. When it is hot j. When it is windy

4. Anagrams: a. fuar b. gaofar c. ceomhar d. dona e. báisteach f. sneachta g. maith h. scamallach i. geal j. grianmhar k. stoirmiúil l. te

5. Associations: a. Nuair a bhíonn sé grianmhar – gúna, dreapadóireacht, cuaráin, t-léine, ag snámh, siúlóidí
b. Nuair a bhíonn sé ag báisteach - cóta báistí **c. Nuair a bhíonn sé fuar** - ag sciáil, scaif, caipín, cóta, hata

6. Complete: a. maith b. bhaile c. báisteach d. té e. Téim f. stoirmiúil g. geal

VOCABULARY BUILDING 2 (Page 120)

1. Match up: Imrím cártaí – I play cards **Téim ag damhsa**– I go dancing **Déanaim marcaíocht capaill**– I do horseriding **Téann Joe ag iacaireacht** – Joe goes fishing **Ina sheomra**– In his room **Imrím leadóg**– I play tennis

2. Complete the missing word: a. mo b. trá c. teach, charad, scoile d. ionad spóirt e. obair, seachtaine f. deireadh, chairde g. Téann, charad

3. Translate into English: a. My friend's house b. In her room c. In his room d. Her friend's house e. At home f. His friend's house g. She stays in her house h. He stays at home

4. Anagrams: a. sacar b. snámh c. rothaíocht d. dornálaíocht e. sciáil f. cispheil g. peil h. gleacaíocht i. tógáil meáchan j. eitpheil k. haca l. rothaíocht

5. Broken words: a. Imrím peil le mo chairde b. Imríonn m'aintín Maria cártaí c. Téim go teach mo charad d. Téann Joe go dtí an t-ionad spóirt e. Déanaim marcaíocht capaill le mo chairde f. Fanann mo chara sa bhaile agus déanann sé obair bhaile

6. Complete: a. ag siúl b. sa bhaile c. ag snámh d. spórtlann e. linn snámha f. sa bhaile g. t-ionad spóirt

READING (Page 121)

1. Find the Irish for the words in Pat's text: a. Is as Cill Dara dom b. Tá mé aon bhliain déag d'aois c. Is maith liom d. Nuair a bhíonn sé e. Grianmhar f. Téim go dtí an pháirc g. Le mo mhadra h. Beag agus dubh i. Culaith shnámha j. An trá

2. Find the Irish for the words in Chloe's text: a. Nuair a bhíonn sé te b. Agus geal c. Dreapadóireacht d. Déanaim iascaireacht e. Leadránach f. Téim ag damhsa g. T-léine h. Darb ainm i. Fanaim j. Ina teach

3. Complete the following statemets about Isabela: a. 13 b. cycling, hiking c. mountains d. cards, computer games, younger e. nice, kind

4. Answer the questions about Laura: a. Laura is ainm di b. Tá cónaí uirthi ar an gcósta* c. Tá teach mór aici d. Tá ceathrar ina teaghlach e. Tá aon pheata amháin aici f. Mini is ainm don pheata g. Téann sí go dtí an trá

5. Find someone who: a. Pat b. Laura c. Laura d. Isabela e. Isabela f. Chloe g. Chloe h. Pat

WRITING (Page 122)

1. Split sentences: a. Téann muid go dtí an spórtlann **nuair a bhíonn sé stoirmiúil*** b. Itheann muid uachtar reoite **nuair a bhíonn sé te*** c. Déanann muid sciáil **nuair a bhíonn sé ag cur sneachta** d. Caitheann muid scaif agus hata **nuair a bhíonn sé fuar*** e. Téann muid ar shiúlóidí **nuair a bhíonn an aimsir go maith*** f. Fanann muid inár dteach **nuair a bhíonn an aimsir go dona*** g. Caitheann muid cótaí báistí **nuair a bhíonn sé ag báisteach** h. Ní dhéanaim dreapadóireacht **nuair a bhíonn sé gaofar***

2. Complete with the correct option: a. Nuair, snámh b. Tar, éis c. bhíonn, caithim d. fhanaim e. abhainn f. halla g. imeartha

3. Spot the mistakes and correct the sentences: a. cóta* b. leadóige c. na, sléibhte d. fanann muid sa bhaile* e. linn snámha f. Fanann g. te h. ~~ag~~, grianmhar*

4. Complete the words: a. Fuar b. Te c. Scamallach d. Grianmhar e. Stoirmiúil f. Gaofar g. Ceomhar

5. Write a paragraph for Eloise, Sam and Juliet using FIRST person:

Eloise: Eloise is ainm dom. Tá conaí orm i nDún na nGall. Nuair a bhíonn an aimsir go maith, téim go dtí an pháirc le mo chairde

Sam: Sam is ainm dom. Tá cónaí orm i gCiarraí. Nuair a bhíonn an aimsir te agus grianmhar, téim go dtí an trá le mo mhadra

Juliet: Juliet is ainm dom. Tá cónaí orm in Uibh Fháilí. Nuair a bhíonn an aimsir fuar agus ag báisteach, fanaim sa bhaile le mo dheirfiúr níos sine

6. Write a paragraph for Paula using THIRD person:

Paula: Paula is ainm di. Tá cónaí uirthi i gCill Mhantáin. Tá sí trí bliana déag d'aois. Tá madra bán aici. Nuair a bhíonn an aimsir grianmhar agus go maith, téann sí faoin tuath agus téann sí ar shiúlóidí. Ní fhanann sí riamh sa bhaile agus ní dhéanann sí obair bhaile riamh

Grammar Time 13 (Page 124)

1. Complete with an irregular verb: a. Tá b. Ithim c. Téim d. Beirim e. Faighim f. Déanaim g. Cloisim h. Tugaim i. Tagaim j. Deirim k. Déanaim* l. Téim m. Cloisim n. Ithim o. Tugaim

2. Rewrite the sentences in the question form: a. An ndéanann tú obair bhaile? b. An itheann tú lón sa chistin? c. An dtagann tú abhaile go luath? d. An mbeireann tú ar an sliotar? e. An ndeir tú na focail le m'athair?

3. Translate into English: a. She hears the birds singing every day b. He gives biscuits to his brother c. We see the dogs having fun d. You come home at 8 o'clock e. You eat steak for the dinner f. My grandmother says her prayers g. You get presents every week h. You go to your friend's house

4. Complete the sentence: a. Tugaim b. Tá c. Beireann d. Faigheann e. Itheann f. Cloiseann

5. Complete the table: Cloiseann sé – **He hears** Itheann muid – **We eat** Tugann sí – **She gives** Beireann said ar – **They grab** Deirim – **I say**

6. Translate into Irish: a. Téim go dtí an linn snámha go minic le Liam b. Itheann Áine feoil don dinnéar c. Tá gruaig fhionn ar mo dheartháir agus tá súile gorma ag mo dheartháir d. Tá m'athair daichead bliain d'aois e. Faighim airgead póca ag an deireadh seachtaine f. Cloisim dhá éan ag canadh anois is arís

Revision Quickie 4 (Page 125)

1. Match up: Téann muid go dtí an t-ionad spóirt – We go to the sports centre **Téann muid go dtí an pháirc**– We go to the park **Téann muid go dtí an chúirt chispheile**– We go the basketball court **Téann muid go dtí an spórtlann** – We go to the gym **Téann muid go dtí na sléibhte** – We go to the mountains **Téann muid go dtí an abhainn**– We go to the river

2. Complete: a. Scamalla**ch** b. Gao**far** c. Mai**th** d. Snea**chta** e. Ag **c**ur sne**achta** f. Ce**omhar** g. Ag bá**isteach** h. Stoirm**iúil** i. **G**eal

3. Fill in the gaps: a. fuar, cóta b. aimsir, dona, bhaile c. grianmhar, trá d. spórtlann, éadaí spóirt e. te, linn, snámha f. grianmhar, pháirc

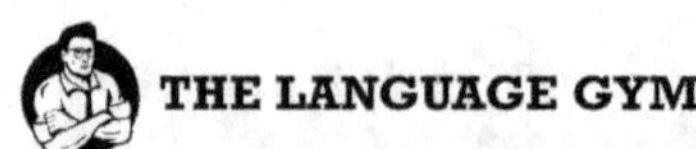

4. Translate into Irish: a. Nuair a bhíonn sé te b. Nuair a bhíonn sé fuar c. Imrím cispheil d. Déanaim m'obair bhaile e. Téim ag dreapadóirecht f. Nuair a bhíonn an t-am agam g. Téim go dtí an linn snámha h. Téim go dtí an spórtlann

5. Translate into Irish: a. Caithim cóta b. Caitheann muid éadaí scoile c. Imríonn siad cispheil d. Téann sí ag dreapadóireacht e. Nuair a bhíonn an t-am aige f. Téann siad ag snámh g. Déanann mo thuismitheoirí spórt h. Imríonn sí peil go minic

Question Skills 3 (Page 126)

1. Translate into English: a. Do you wear a coat when it is cold? b. Do you eat a chicken sandwich for lunch? c. Do you play sport? d. Do you go hiking on the mountains? e. Do you do fishing on the river? f. Does Sadhbh wear a coat when it is sunny? g. Do they play volleyball on the tennis court on Saturday?

2. Complete with the missing verb a. ndéanann b. bhfaigheann c. gcloiseann d. dtagann e. itheann f. dtugann g. ndeir h. ólann i. gcloiseann

3. Split sentences: a. Déanann muid **cáca sa chistin** b. Caitheann muid **bróga gach lá** c. Itheann muid ár **lón ar a haon a chlog** d. Téann muid **ag rothaíocht** e. Caitheann sí a cóta **nuair a bhíonn sé fuar** f. Ní ólann sé tae **nuair a bhíonn sé te** g. Téann siad go dtí **an t-ionad spóirt** h. Téann sí ag damhsa **sa halla damhsa**

4. Translate into Irish: a. An ndéanann tú? b. An mbeireann sí ar? c. An itheann sé? d. An dtéann muid? e. An dtugaim? f. An ndéanann Scott? g. An gcloisim? h. An ndeir sé? i. An dtagann Sarah abhaile?

5. Write the questions to the answers: a. An dtéann tú ag seoltóireacht? b. An gcaitheann sí gúna nó sciorta? c. An ndéanann sí gleacaíocht san ionad spóirt? d. An itheann muid glasraí leis an dinnéar? e. An gcaitheann siad cótaí báistí? f. An dtéann muid go dtí an pháirc leis an madra? g. An ndéanann muid dreapadóireacht?

6. Translate into Irish: a. Cá n-imríonn tú leadóg? b. Céard a dhéanann tú nuair a bhíonn an t-am sa bhreis agat? c. Cé mhéad bróg atá agat? d. Céard é an caitheamh aimsire is fearr leat? e. An imríonn tú spórt go minic? f. Cén t-am a dhéanann tú d'obair bhaile?

Unit 16 - Talking about my daily routine

VOCABULARY BUILDING (PART 1) (Page 129)

1. Match up: Éirím – I get up **Téim ar scoil** – I go to school **Téim i mo luí** – I go to sleep **Ithim** – I eat **Ligim mo scíth** – I relax **Ithim mo bhricfeasta** – I eat my breakfast **Tagaim ar ais** – I come back

2. Translate into English: a. He gets up at 6.00 b. I go to sleep at 10.00 c. I eat my lunch at midday d. I eat my breakfast at 8.05 e. Seán relaxes at midday f. Úna watches television at 7.30 g. We listen to music h. She leaves the house at 4.00 i. They go to sleep at 10.00

3. Complete with the missing word: a. Téim b. Fágaim c. Tagaim d. Ithim e. Déanaim f. Éistim g. Imrím h. Ithim, lón

4. Complete the gaps: a. Ligim, scíth b. Téim, luí c. Éistim, ceol d. Ithim, bricfeasta e. Ithim, dhinnéar f. Téim g. Éirím h. Scuabaim, m'fhiacla

5. Faulty translation: a. I go for a shower every day b. She goes to sleep at midnight c. I do my homework d. I eat my breakfast e. She comes back from school f. - g. She watches television h. She leaves the house i. I brush my teeth

6. Translate into Irish: a. Ar leathuair tar éis a sé ar maidin b. Ar leathuair tar éis a seacht san oíche c. Ar fhiche nóiméad tar éis a hocht san oíche d. Ag meánlae e. Ar fhiche tar éis a naoi ar maidin f. Ar a haon déag a chlog ar maidin g. Ag meánoíche h. Ag ceathrú tar éis a cúig um thráthnóna

VOCABULARY BUILDING (PART 2) (Page 130)

1. Complete the table: Téann sí ina luí – **She goes to sleep** Scuabaim m'fhiacla – I brush my teeth Éirím – **I get up** Tagaim ar ais – I come back Leathuair tar éis a hocht – **Half past 8** Itheann sí lón – **She eats lunch** Ithim mo dhinnéar – I eat my dinner Éisteann siad le ceol – **They listen to music** Fágaim an teach - I leave the house Ithim mo bhricfeasta – **I eat my breakfast** Ligim mo scíth – **I relax** Déanaim m'obair bhaile – I do my homework

2. Complete the sentences: a. tar éis a seacht b. a cúig c. hocht d. meánlae e. cheathrú, déag f. tar éis g. meánoíche h. ceathair i. seacht j. chúig k. dó l. cúig, sé m. deich

3. Translate into English: a. At 8.30am b. At 9.00pm c. At 8.55pm d. At 12.00 midday e. At 12.00 midnight f. At 2.40pm

4. Complete: a. Ar leathuair tar éis a cúig b. Ar cheathrú tar éis a hocht c. Ag meánlae d. Ar cheathrú chun a hocht e. Ag meánoíche f. Ar leathuair tar éis a haon déag g. Ar a deich a chlog h. Ar dheich tar éis a cúig

5. Translate into Irish: a. Téim ar scoil ar a hocht a chlog ar maidin b. Tagaim ar ais timpeall ar a trí a chlog um thráthnóna c. Ithim mo dhinnéar ar leathuair tar éis a seacht san oíche d. Déanaim m'obair bhaile timpeall ar leathuair tar éis a cúig e. Ithim mo bhricfeasta ar cheathrú chun a seacht ar maidin f. Téim i mo luí ag meánoíche g. Ithim mo lón ag meánlae

READING (PART 1) (Page 131)

1. Find the answers to the questions about Helena: a. 16 years old b. 7.00am c. With her family d. Around 8.00am e. 7.00pm f. On bike

2. Find the Irish for the phrases in Helena's text: a. Go ginearálta b. Le mo chairde c. Téim ar scoil ar rothar d. Téim go dtí an pháirc e. Scuabaim m'fhiacla f. Ní ithim mórán g. Go dtí a seacht a chlog h. Féachaim ar an teilifís ar feadh píosa i. Deacair orm socrú

3. Complete the statements about Aindriú's day: a. 5.00 b. shower* c. hot chocolate d. his school bag e. with his mother, she works in an office beside his place of work f. relax for a while

4. Find the Irish in George's text: a. Tá mé trí bliana déag d'aois b. Téim faoin gcith c. Le mo bheirt deartháireacha d. Féachaim ar scannáin e. Ithim rís agus sicín nó sailéad f. Téim ar an ríomhaire g. Ithim mo dhinnéar

READING (PART 2) (Page 132)

1. Find the Irish for the words in Jill's text: a. Sé bliana déag d'aois b. Titim amach an lae c. Téim faoin gcith
d. An-simplí e. Timpeall ar leathuair tar éis a sé f. Ní itheann muid mórán g. Féachaim ar an teilifís h. Tagaim ar ais
i. Déanaim m'obair bhaile j. Sula mbíonn mo dhinnéar agam k. Féachann muid ar scannán

2. Translate these items from Kim's text: a. Is as Sasana dom b. Go ginearálta c. Timpeall ar leathuair tar éis a cúig
d. Le mo Mham agus le mo dheirfiúr e. Tagaim ar ais f. In am don dinnéar g. Bíonn mo dhinnéar agam le mo
theaghlach h. Ligim mo scíth ina dhiaidh sin i. Scuabaim m'fhiacla j. Éadaí compordacha

3. Answer the following questions about Anna's text: a. Irish b. 6.15am c. Goes online, does her homework, does
house work* d. On the bus e. Goes for a shower and prepares her bag f. Midnight g. Her mother h. A book

4. Find someone who: a. Kim b. Anna c. Jill d. Kim e. Kim f. Anna g. Jill

WRITING (Page 133)

1. Split sentences: a. Téim ar scoil **ar an mbus** b. Tagaim ar ais **timpeall ar a dó a chlog** c. Déanaim **m'obair
bhaile** d. Féachaim ar **an teilifís** e. Imrím **cluichí ríomhaire** f. Éirím **go moch ar maidin** g. Téim i mo luí **ag
meánoíche** h. Fágaim **an teach**

2. Complete with the correct option: a. sé b. m'obair c. ar an d. ríomhaire e. luí f. ón scoil g. m'fhiacla h. scoil

3. Spot and correct the grammar and spelling: a. Téim*, ar b. Éirím, ar c. sí an, teach d. ar e. mbus f. i mo, ag
g. theaghlach h. m'obair, bhaile

4. Complete the words: a. Ceathrú b. Leathuair tar éis c. Deich, chlog d. Timpeall e. Ar, hocht, chlog f. Fiche
g. Ansin h. Ithim, lón i. Tagaim, ais j. Imrím

5. Write a paragraph for Eileen, Sam and Avril using FIRST person:

Eileen: Eileen is ainm dom. Éirím ar leathuair tar éis a sé. Téim faoin gcith ar a seacht a chlog. Téim ar scoil ar chúig
tar éis a hocht. Tagaim ar ais ar leathuair tar éis a trí. Féachaim ar an teilifís ar a sé a chlog. Ithim mo dhinnéar ar
dheich tar éis a hocht. Téim i mo luí ar dheich tar éis a haon déag

Sam: Sam is ainm dom. Éirím ar fhiche chun a seacht. Téim faoin gcith ar dheich tar éis a seacht. Téim ar scoil ar
fhiche chun a hocht. Tagaim ar ais ar a ceathair a chlog. Féachaim ar an teilifís ar leathuair tar éis a sé. Ithim mo
dhinnéar ar cheathrú tar éis a hocht. Téim i mo luí ag meánoíche

Avril: Avril is ainm dom. Éirím ar cheathrú tar éis a seacht. Téim faoin gcith ar leathuair tar éis a seacht. Téim ar scoil
ar a hocht a chlog. Tagaim ar ais ar cheathrú tar éis a trí. Féachaim ar an teilifís ar fhiche chun a seacht. Ithim mo
dhinnéar ar fhiche tar éis a hocht. Téim i mo luí ar leathuair tar éis a haon déag

Revision Quickie 5 (Page 134)

1. Match up: Scaif – A scarf **Carbhat** – A tie **Gúna** – A dress **Caipín** – A cap **Stocaí** – Socks **Léine** – A shirt **Bríste** – Trousers **Sciorta** – A skirt **Culaith** – A suit **Brístí gearra** – Shorts **T-léine** – A T-shirt

2. Provide a word for each of the clues*: a. banana b. pónairí c. cáis d. sicín e. uisce f. sú g. cáca h. piorra

3. Complete the translations: a. Bróga b. Hata c. Gruaig d. Catach e. Corcra f. Bainne g. Uisce h. Deoch i. Post j. Éadaí

4. Categories: Éadaí – léine, culaith, caipín, carbhat **Dathanna** – oráiste*, gorm, bándearg, dearg **Postanna** – cócaire, cuntasóir, dlíodóir, pluiméir **Bia** – feoil, cáis, rís, sicín

5. Match the questions and answers: Céard é an post is fearr leat? **Dochtúir** Céard é an dath is fearr leat? **Gorm** Céard í an fheoil nach maith leat? **Mairteoil** Céard a chaitheann tú agus tú ag dul go dtí an spórtlann? **Éadaí spóirt** Céard é an deoch is fearr leat? **Bainne** Céard é an múinteoir is fearr leat? **Múinteoir ealaíne** Céard é an caitheamh aimsire is fearr leat? **Peil**

6. Complete with déan, téigh or imir as appropriate: a. imrím* b. imrím c. Déanann d. Téann e. Imríonn f. théann

7. Complete with the missing word: a. fuath* b. ólann c. dhéanamh, súil d. ndéanann e. ithim f. Oibríonn, Níl, Is g. maith*, imirt h. éirím

8. Translate: a. Often b. All of the time c. Every day d. In the night e. In the afternoon f. From time to time g. Now and again

9. Split sentences: a. Réitím go maith le **mo mháthair*** b. Ní réitím **go maith le m'athair** c. Is daoine cineálta **iad mo thuismitheoirí*** d. Is breá liom **mo sheantuismitheoirí*** e. Is duine ard agus láidir **í cara liom*** f. Is duine deas **í mo mhúinteoir*** g. Is duine fíordhathúil é **mo dheartháir*** h. Ní maith liom m'uncail **mar gur duine gránna é** i. Ní daoine cainteacha **iad mo dhearthaireacha*** j. Is aoibhinn liom **mo dheirfiúr***

10. Translate into Irish: a. Imrím leadóg gach lá b. Caithim seaicéad uaireanta c. Téim go dtí an spórtlann go minic d. Ní fhéachaim ar scannáin e. Éirím timpeall ar a sé a chlog f. Téim faoin gcith dhá uair sa lá

11. Complete the translation: a. garda b. oibrím, dalta c. téim, spórtlann d. Ní, fhéachaim e. Is fuath liom f. cairdiúla, thuismitheoirí

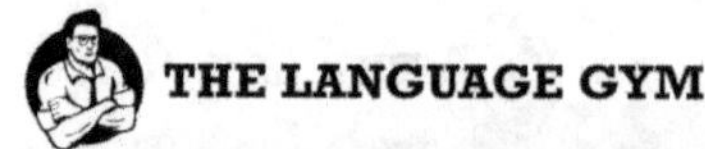

Unit 17 - Describing my house
Grammar Times 14 & 15

VOCABULARY BUILDING (PART 1) (Page 138)

1. Match up: Tá cónaí orm i(n) – I live in **Teach** – A house **Árasán** – A flat **Mór** – Big **Nua** -New **An tuath** – The countryside **Ceantar** – An area **Eastát tithíochta** – A housing estate

2. Translate into English: a. I live in a small house b. I live in a big and modern house c. My flat is a big flat d. My house is situated in the countryside e. I prefer the living room f. I really like the kitchen g. I like to work in the living room h. I go to sleep in the bedroom i. I relax in the sunroom

3. Complete with the missing words: a. orm, farraige b. liom c. seanteach galánta d. Ligim, scíth, suí

4. Complete the words: a. Teach b. Gránna c. Nua d. Sean e. Mór f. farraige g. bhaile h. lár i. gairdín j. Seomra gréine

5. Classify the words: Time phrases – a, c, j **Nouns** – f, h, k, l **Verbs** – b, g, n, p **Adjectives** - d, e, i, m, o

6. Translate into Irish: a. Tá cónaí orm i seanteach b. Tá cónaí ort i dteach nua c. Tá cónaí air cois farraige d. Ligim mo scíth sa seomra suí e. Tá cónaí uirthi ar bhóthar ciúin f. Tá cónaí orainn in eastát tithíochta g. Is fearr liom an chistin

VOCABULARY BUILDING (PART 2) (Page 139)

1. Split sentences: a. Tá cónaí orm **i lár na cathrach** b. Teach **mór*** c. Cois **farraige** d. Árasán **nua-aimseartha*** e. Eastát **tithíochta** f. Seomra **leapa** g. Faoin **tuath** h. Is maith **liom**

2. Complete with the missing word: a. obair b. galánta c. cathrach d. imeall e. teach f. eastát g. chistin h. ghairdín i. leapa

3. Translate into English: a. I live in a small house b. It is situated beside the sea c. It is a small flat d. It is situated in a housing estate e. There are 5 rooms in my house f. I like to do work in the office g. I really like to relax h. I live in an old house in the countryside

4. Broken words: a. ligean b. sléibhte c. bhaile d. gcith e. ghairdín f. sheomra, leapa

5. Mór, mhór, móra or mhóra: a. mór b. mór c. mhór d. mór e. móra f. móra g. móra h. mhóra i. mór

6. Bad translation: a. I live in a house beside the sea b. I prefer the sitting room because it is big c. I like to work in the office d. He lives in an old house in a housing estate e. I really like my house because it is big and beautiful f. I like to work in the living room

READING (Page 140)

1. Answer the following questions about Dan: a. Spain b. A big house c. 10 d. The kitchen e. His bedroom f. Next door

2. Find the Irish in Monica's text: a. Tá cónaí orm i dteach atá suite i lár na cathrach b. Tá sé an-ghar do mo scoil c. Tá chuile shiopa in aice láimhe d. Tá cúig sheomra e. Thuas staighre f. In aice leis an seomra folctha g. Gach lá tar éis na scoile

3. Find someone who: a. Áine b. Alex c. Monica d. Alex e. Áine f. Alex g. Alex h. Dan

4. Find the Irish in Áine's text: a. Tá cónaí orm in árasán b. Suite c. I bhfad ón scoil d. Is seanárasán é e. An-fhuar f. Is maith liom é ar aon nós g. Mo sheomra leapa fhéin

TRANSLATION (Page 141)

1. Gapped translation: a. the sea b. quite, a, little c. mountains d. lár, na, cathrach e. tá f. theach

2. Translate into English: a. Beside the sea b. A room c. I live d. In the city centre e. 6 rooms f. I prefer my living room g. I like to relax h. My bedroom i. A big garden at the back of the house

3. Translate into English: a. I live in a small flat b. My house is a modern and big house c. My house is an old house and I really like it anyway d. We live in a house beside the sea e. My house is situated in a housing estate f. I prefer my bedroom

4. Translate into Irish: a. Mór b. Beag c. Imeall d. Cósta e. Ceantar f. Eastát tithíochta g. Gránna h. Seomraí i. Tá j. Sean

5. Translate into Irish: a. Ta cónaí orm i dteach beag b. I lár na cathrach c. I mo theach, tá d. Seacht seomra e. Is fearr liom mo sheomra leapa mar f. An seomra suí g. Ligim mo scíth i mo sheomra leapa h. Is maith liom a bheith ag obair sa seomra suí i. Tá cónaí orm in árasán beag agus sean j. In eastát tithíochta

Grammar Time 14 (Page 143)

1. Match up: Tá X ag cur faoi – X lives **Tá muid ag cur fúinn** – We live **Tá siad ag cur fúthu** – They live **Tá mé ag cur fúm** – I live **Tá tú ag cur fút** – You live **Tá sibh ag cur fúibh** – You (pl) lives

2. Complete the correct form: a. ag cur fúm b. tú ag cur c. Tá muid ag cur fúinn d. sí ag cur e. tú ag cur fút f. Tá siad ag cur g. muid ag cur h. ag cur

3. Complete the correct form: a. ag cur, ag cur b. tú ag cur c. ag cur fúm, cur fúithi d. ag cur e. ag cur fúinn

4. Spot and correct the errors: a. faoi b. fúthu c. faoi d. mháthair e. fúthu, dteach, beag f. i

5. Complete the translations: a. thuismitheoirí, ag, cur, fúthu, tuath b. ag, cur, fúm, árasán c. cur, fúithi d. cur, fúinn, teach, mór

6. Translate into Irish: a. Tá mo thuismitheoirí agus mé féin ag cur fúinn i dteach mór b. Tá mo mháthair ag cur fúithi i dteach beag cois farraige c. Tá mo chol cearthracha ag cúr fúthu i dteach galánta faoin tuath d. Tá mo chara ag cur faoi in árasán nua-aimseartha sa bhaile e. Tá mo dheirfiúracha ag cur fúthu i seanárasán ar imeall an bhaile f. Tá mo dhlúthchara Larry ag cur faoi in árasán spásúil gar do lár an bhaile

Grammar Time 15 (Page 144)

1. Complete with the correct form: a. orm b. duit c. linn d. oraibh e. le Seán f. di g. leat h. d'Áine

2. Complete with the correct form of the verb: a. Buaileann, liom b. Ligeann, dom c. Éisteann, leo d. fhánann, léi d. Tugann, dom f. Glaoim, ort g. Deir, linn

3. Translate into English: a. I listen to him when he is talking b. I wait for her even when she is late c. I fail the exam but I do it again d. My mother does not let me go to the city by myself e. They meet them at the cinema f. We do not meet him at school every day g. Do you listen to Liam when he is singing songs? h. Do you give food to Máirtín when he is hungry? i. They wait for them and tell each other the new story

4. Find the Irish in Franc's text: a. Gach Aoine b. Buailim le mo sheantuismitheoirí c. Insíonn siad dom aon scéal nua d. Éistim le e. I rith na seachtaine f. Nuair a theipeann orm i scrúdú g. Tugann siad ardú croí dom h. Is aoibhinn liom mo sheantuismitheoirí

5. Find the Irish in Mario's text: a. Éistim b. Ag canadh c. Is fuath liom é d. Deirim léi e. Féachaim ar an teilifís f. Ligim mo scíth g. Éistim le ceol h. Nuair a fhanaim le mo dheirfiúr i. Buailim le mo chairde

6. Complete: a. leo b. leis c. dúinn d. linn e. ort f. duit g. linn h. dó

7. Complete: a. Deir muid b. Tugann , siad, dó c. Ligim, di d. le, Franc agus Jill e. Buaileann muid f. éisteann, siad, léi

8. Translate: a. De ghnáth, éistim le ceol b. Buailim leo ag na siopaí c. Glaonn muid orthu dhá uair sa tseachtain d. Ligeann sí dom dul go dtí an baile e. Insíonn sí an scéal dóibh f. Fanann sé léi ag an ngeata g. Ní insíonn sé an scéal di h. Féachaim ar scannáin sa seomra suí

Unit 18 - Saying what I do at home
Grammar Time 16

VOCABULARY BUILDING (PART 1) (Page 148)

1. Match up: Léim irisí – I read magazines **Féachaim ar scannáin** – I watch films **Réitím bia** – I prepare food **Léim leabhair** – I read books **Cuirim m'éadaí orm fhéin** – I get dressed **Labhraím le** – I talk **Téim faoin gcith** – I shower

2. Complete with the missing words: a. éadaí, orm, fhéin b. leabhair, ghrinn c. irisí d. m'fhiacla e. faoin, gcith f. bia g. ar, líne h. le i. ar, an, teilifís

3. Translate into English: a. Usually, we get up at 7.00 b. My father does not prepare food often c. Every day, my brother reads books in the living room d. Around 7.15am, I eat my breakfast e. Often, I talk to my mother in the kitchen f. Sometimes, I eat my breakfast in the sitting room g. We play computer games in my bedroom h. Sometimes, we go cycling in the countryside i. I watch films in the living room

4. Complete the words: a. faoin, gcith b. Léim c. Labhraím, le d. Réitím e. Cuirim, pictiúir, aníos f. Téim ar, an, líne

5. Classify: Time phrases – a, b, c, j, k, o **Rooms in the house** – d **Things you do in the bathroom** – g, i **Free-time activities** - e, f, h, l, m, n

6. Fill in the table with a suitable room: Féachaim ar an teilifís – **I mo sheomra suí*** Téim i mo luí – **I mo sheomra leapa** Déanaim m'obair bhaile – **I mo sheomra leapa*** Scuabaim m'fhiacla – **I mo sheomra folctha** Ithim mo dhinnéar – **An chistin**

VOCABULARY BUILDING (PART 2) (Page 149)

7. Complete the table: Cuirim m'éadaí fhéin orm – I get dressed **Téim faon gcith** – I shower Déanaim m'obair bhaile – **I do my homework Cuirim pictiúir aníos** – I upload pictures Fágaim an teach – **I leave the house** Labhraím le mo dheartháir – **I talk to my brother Ligim mo scíth** – I relax

8. Multiple choice: a. C b. A c. A d. B e. A f. C g. A h. C i. B j. B

9. Anagrams: a. cistin b. seomra suí c. léim d. uaireanta e. gach lá f. seomra leapa g. ithim h. ar maidin

10. Broken words: a. chistin b. minic c. Uaireanta d. shíor e. am, go, ham f. Leabhair ghrinn g. sheomra h. Fágaim i. Labhraím

11. Complete: a. Timpeall ar leathuair tar éis a seacht, scuabaim m'fhiacla b. Ar cheathrú tar éis a hocht, ithim mo bhricfeasta c. Uaireanta, réitím bia d. De shíor, féachaim ar an teilifís nuair a ithim mo bhricfeasta e. Go ginearálta, fágaim an teach ar leathuair tar éis a hocht

12. Fill in the gaps: a. léim b. m'fhiacla c. Féachaim d. labhraím e. déanaim f. Cuirim g. téim

READING (Page 150)

1. Answer the following questions about Faben: a. Giobráltar b. A dog c. He goes to the gym d. He does not do any sport e. In his bedroom f. Nice clothes

2. Find the Irish for the phrases in Eoin's text: a. Éirím b. Téim faoin gcith ansin c. Téim ar scoil d. Ar ghluaisrothar e. Ar líne f. Cuirim pictiúir aníos g. An-ghreannmhar h. Labhraím leis i gcónaí

3. Find someone who: a. Fabien b. Fabien c. Fabien d. Seán e. Fabien f. Eoin g. Eoin h. Eoin

4. Find the Irish for the phrases in Seán's text: a. Ar maidin b. Éirím go luath c. Ithim rud ar bith do mo bhricfeasta d. Itheann mo dheirfiúr e. Ní thógann sé i bhfad f. As an mbealach g. Labhraím le mo chairde

WRITING (Page 151)

1. Split sentences: a. Labhraím **le mo mháthair** b. Ligim mo scíth **i mo sheomra leapa** c. Réitím **bia** d. Cuirim pictiúir aníos ar Instagram e. Déanaim **m'obair bhaile** f. Éirím **go luath** g. Imrím **cluichí ar líne** h. Téim **faoin gcith**

2. Complete with the corrcet option: a. seacht b. ghairdín c. teilifís d. líne e. bia f. Scuabaim g. Léann h. théann

3. Spot and correct the mistakes: a. théim, faoin, gcith b. Ithim, theaghlach c. mo d. a sé* e. a f. Déanaim*, m'obair, bhaile* g. fhéachann, scannáin h. ~~an~~, ar i. ~~sa~~, mo, dhearthár j. Ligim

4. Complete the words: a. Ithim b. chistin c. sheomra leapa d. garáiste e. Fágaim, an, teach f. Sa, seomra, suí g. Sa, seomra, bia h. Sa, seomra, folctha i. Féachaim, ar, scannáin j. Éirím k. Téim, faoin, gcith

5. Write a paragraph for Gerry, Maire and Issy using FIRST person:

Gerry: Gerry is ainm dom. Éirím ar cheathrú tar éis a sé. Téim faoin gcith sa seomra folctha. Ithim mo bhricfeasta sa chistin. Téim ar scoil le mo dheartháir. San oíche, féachaim ar an teilifís sa seomra suí agus réitím bia sa chistin

Marie: Marie is ainm dom. Éirím ar leathuair tar éis a seacht. Téim faoin gcith sa seomra folchta. Ithim mo bhricfeasta sa seomra bia le mo mháthair. San oíche, léim leabhar i mo sheomea leapa agus labhraíonn le mo theaghlach ar líne

Issy: Issy is ainm dom. Éirím ar cheathrú chun a seacht. Téim faoin gcith sa seomra folctha. Ithim mo bhricfeasta sa seomra suí le m'uncail. San oíche, éistim le ceol sa ghairdín agus cuirim pictiúir aníos ar Instagram

Grammar Time 16 (Page 152)

1. Complete with the present tense of 'Déan', 'Imir' or 'Téigh': a. Déanaim b. Imrím c. Téim d. Téim e. Imrím f. Téim g. Déanaim h. Imrím

2. Complete with the missing forms of the Present tense of the verbs below: mé – Déanaim **tú** – Téann tú, Imríonn tú **sé/sí** – Déanann sé/sí, Téann sé/sí, Imríonn sé/sí **muid** - Déanann muid, Téann muid, Imríonn muid **sibh** – Téann sibh **siad** – Déanann siad, Imríonn siad **X** - Déanann X, Téann X, Imríonn X

3. Complete with the appropriate verb: a. Téann b. dhéanann c. Imríonn d. imríonn* e. Imríonn f. Téim g. imríonn* h. dtéann i. imríonn j. Imríonn k. dhéanann l. Imríonn m. téann n. déanaim

4. Complete with the 'mé' form of déan/imir/téigh: a. Imrím b. Téim c. Imrím d. Imrím e. Imrím f. Téim g. Imrím h. Imrím* i. Déanaim j. Déanaim k. Imrím l. Imrím

5. Complete with the 'siad' form of the verb: a. Imríonn siad b. Déanann siad c. Imríonn siad d. Téann siad e. Téann siad f. Téann siad g. Téann siad h. Imríonn siad i. Imríonn siad j. Imríonn siad k. Téann siad l. Téann siad

6. Translate into Irish: a. Imríonn muid ar an ríomhaire go minic b. Déanann mo dheartháir tógáil meáchan c. Imríonn mo dheirfiúr eitpheil gach lá d. Imríonn m'athair spórt uaireanta e. Céard é an post a dhéanann sibh?* f. Cá dtéann tú tar éis na scoile? g. Imríonn mé fhéin agus mo dheartháir peil go minic h. Téann mo thuismitheoirí ag snámh uair sa tseachtain i. Téann mo chara go dtí an spórtlann go minic* j. Téann mo dlúthchara go dtí an staid gach Satharn

7. Complete with a suitable verb: a. Tugann* b. chloiseann c. ndeir d. Déanann* e. Feiceann f. bhfaigheann g. thagann h. dtéann i. Déanann j. mbeireann

8. Translate into Irish: a. Tá cónaí orainn faoin tuath* b. Déanann sé a obair bhaile c. An ndeir tú d'abairtí os ard? d. Téim go dtí an spórtlann go minic e. Faigheann mo dheartháireacha airgead póca f. An mbeireann tú ar an liathróid? g. Feiceann muid ar na héin sa ghairdín h. Cén chaoi a dtagann tú abhaile ón scoil?* i. An gcloiseann tú an nuacht ar an raidió? j. An ndéanann tú d'obair bhaile ag an deireadh seachtaine?

Unit 19 - My holiday plans
Revision Quickie 6

VOCABULARY BUILDING (Page 156)

1. Match up: Ar an eitleán – By plane **Béilí blasta** – Tasty meals **Laethanta saoire** – Holidays **Puball** – A tent **Brú óige** – A youth hostel **Óstán saor** – A cheap hotel **Ar an mbád** – By boat **Óstán galánta** – A luxurious hotel

2. Complete with the missing word: a. mbád b. béilí blasta c. cuairt d. Caithfidh mé e. saor
f. leadránach g. Íosfaidh h. Spáinn

3. Translate into English: a. I will go to Italy b. I will spend a week over there c. We will eat traditional desserts
d. He will go to the swimming pool in a luxurious hotel e. I will stay in a tent with my family f. I will spend a fortnight
over there g. I will go to England by boat h. We will go to the city at the weekend i. We will eat tasty meals

4. Broken words: a. dheirfiúr, gréine b. Caithfidh, seachtain, mbrú c. dhaid, traidisiúnta d. cuairt, Túr, Eiffel

5. Fill in 'go' or 'go dtí' to complete the sentence: a. go dtí b. go c. go d. go dtí e. go f. go dtí g. go h. go dtí

6. Bad translation: a. I will go to Scotland with my family by boat b. We will eat tasty meals and nice ice-cream
c. I will visit the historical sites. It will be excellent d. My friends and I will spend one week over there in a cheap
hotel e. Úna and her family will go to Italy by plane and they will stay in a tent in the countryside f. It will be great

READING (PART 1) (Page 157)

1. Find the Irish for the following in Hugo's text: a. Is as Ard Mhacha dom b. Ach tá cónaí orm c. Rachaidh mé
d. Le mo theaghlach e. Caithfidh muid f. Gach lá g. B'fhearr liom h. Ag sú na gréine

2. Find the Irish for the following in Diana's text: a. Ar an mbád b. Tá go leor ama agam c. Caithfidh mé d. Mí
e. Dá bharr sin f. Freisin g. Ag surfáil h. Mar go bhfuil sé leadránach

3. Complete the following statements about Siún: a. With her friend b. Rachel c. Italy d. Youth, hostel, city
e. Traditional* meals f. Visit, Rome

4. List any 8 details about Meadhbh: a. Her name is Meadhbh b. She is 18 years old c. She and her friend will go on
holidays d. They will go to Germany e. They will eat traditional bread and sausages over there f. They love food
g. They will go skiing on the mountains h. They will go climbing in the countryside in the east of the country

5. Find someone who: a. Diana b. Meadhbh c. Hugo d. Siún e. Diana

READING (PART 2) (Page 158)

1. Answer the following questions about Cormac: a. He is from Leinster in the east of Ireland b. He has a small
bird c. He will go on holidays with his family d. They will stay in a luxurious hotel e. They will spend two weeks
relaxing f. They will go to Paris by train g. The Eiffel Tour is a famous sight

2. Find the Irish in Seosamh's text: a. An samhradh seo b. I gceann coicíse c. Dar liom d. an tArdeaglais
e. Foirgnimh stairiúla f. Tá mé ag siúl go mór leis g. Uisce breá úr h. Ag sú na gréine

3. Find someone who: a. Freddie b. Cormac c. Seosamh d. Freddie e. Seosamh f. Cormac g. Cormac h. Freddie

4. Find the Irish for the following phrases/sentences in Freddie's text: a. Mo dheartháir Brian b. Faoin tuath
c. Beidh sé spraíúil d. Rachaidh mé e. Gan dabht f. Mo ghiotár g. Banna ceoil h. Rac-cheol

TRANSLATION/WRITING (Page 159)

1. Gapped translation: a. laethanta saoire b. charr c. seachtain, thall d. Fanfaidh, mé, saor e. Íosfaidh, blasta
f. aimsir, rachaidh g. mbrú, óige h. Íosfaidh

2. Translate into English: a. Historic sites b. We will eat ice-cream c. In a tent in the countryside d. We will spend a month over there e. They will go by boat f. He will eat tasty meals g. In a luxurious hotel h. It will be boring i. We are looking forward to it

3. Spot and correct the grammar and spelling mistakes: a. sheachtain b. muid, i, óige c. béilí, deasa d. Rachaidh, ~~dtí,~~ Meiriceá, charr e. Tabharfaidh, ar f. fheabhas g. mór h. Rachaidh, mo, chairde

4. Categories: Positive or Negative?: a. P b. P c. N d. N e. P f. P g. P h. N i. P j. P

5. Translate into Irish: a. Rachaidh mé go dtí an Spáinn b. Rachaidh mé ag tumadh c. Rachaidh muid go dtí an trá
d. Rachaidh mé ag sú na gréine e. Tabharfaidh mé cuairt ar shuíomhanna turasóireachta f. Fanfaidh mé i(n) g. Óstán saor h. Caithfidh muid dhá sheachtain i. Rachaidh mé ar an eitleán j. Beidh sé spraíúil

Revision Quickie 6 (Page 160)

1. Match up: Ar imeall an bhaile – On the edge of town **Sa seomra folctha** – In the bathroom **Sa chistin** – In the kitchen **I mo theach** – In my house **Sa ghairdín** – In the garden **I mo sheomra leapa** – In my bedroom **Sa seomra bia** – In the dining room **Sa seomra gréine** – In the sunroom **Sa seomra suí** – In the living room

2. Complete the words: a. gcith b. Éirím c. Féachaim d. Léim e. Fágaim f. Téim g. Téim h. Cuirim, m'éadaí
i. Ithim, bhricfeasta

3. Spot and correct any of the sentences below which do not make sense: a. Téim, ~~sí,~~ seomra, leapa* b. Itheann*
c. chistin* d. folctha* e. seomra leapa* f. chairde* g. seomra suí* h. seomra suí* i. chistin* j. raidió*

4. Split sentences: Féachann sé **ar an teilifís** Éistim **le ceol** Léim **irisí** Ithim **torthaí** Téim **go bialann** Rachaidh mé **ar laethanta saoire** Ólann siad **caife** Cuireann sí pictiúir **aníos ar Instagram** Déanaim **m'obair bhaile** Imrím cluichí **ar líne** Oibríonn sí **mar altra** Imrím **peil**

5. Match up the opposites: Maith – **Olc** Spórtúil – **Leisciúil** Éasca – **Deacair** Samhradh – **Geimhreadh** Ard – **Íseal**
Fuar – **Te** Costasach – **Saor** Gach lá – **Lá ar bith** Beag – **Mór** Dubh – **Bán** Sláintiúil – **Míshláintiúil**

 6. Complete with missing words: a. ag rith* b. ag snámh*, chairde* c. spórt* d. liom* e. scíth f. muid* g. cluichí*
h. ceol*

7. Draw a line in between each word: a. Is maith liom a bheith ag imirt peile b. Féachaim ar an teilifís agus ar scannáin c. Nuair a bhíonn am sa bhreis agam, éistim le ceol d. Téim ar scoil ar rothar e. Rachaidh mé ar laethanta saoire le mo chairde f. Gach maidin, téim ag rith g. Ólaim cupán caife agus sú oráiste h. Ní dhéanaim m'obair bhaile de ghnáth

8. Spot the translation mistakes and correct them: a. I get up early in the morning b. I hate basketball c. I will go to the swimming pool d. I will go to the gym e. I will listen to music f. I will go by bus g. I will stay in a luxurious hotel h. I will watch films

9. Translate into English: a. She goes running b. I will go there c. I relax d. I get up early e. She watches films f. I clean my bedroom g. I really like eggs h. My father drinks a cup of tea i. My brother does not do housework j. He works on the computer

10. Translate into Irish: a. Téim faoin gcith agus ithim mo bhricfeasta b. Amárach, rachaidh mé go dtí an Fhrainc
c. Glanaim mo sheomra leapa gach lá d. Imrím cispheil go minic e. Éirím go luath f. Ithim a lán bia do mo dhinnéar
g. Rachaidh mé go dtí an Iodáil ar an eitleán h. Nuair a bhíonn am sa bhreis agam, imrím ficheall agus léim leabhair
i. Caithim go leor ama ar líne

11. Translate into Irish: a. Ithim b. Féachaim c. Déanaim d. Glanaim e. Léim f. Oibrím g. Fillim h. Caithim
i. Rithim

Question Skills 4 (Page 162)

1. Complete the questions with the correct option: a. Cén t-am b. Cén chaoi c. Céard* d. Cé mhéad e. Cé leis
f. Cén fáth g. Cá h. Cad*

2. Split questions: a. Cén t-am **a éiríonn tú ar maidin?** Cá **bhfuil cónaí ort?** Cén sórt **duine thú?** Céard **a dhéanann tú nuair a bhíonn am sa bhreis agat?*** Cén fáth **is maith leat peil?** Cathain **a théann tú i do luí?** Cad **a dhéanann tú ag an deireadh seachtaine?*** Cé mhéad **duine atá i do theaghlach?** Cén uair **a dtéann tú ag rith?**

3. Match each statement below to one of the questions included in activity 1 above: 1. d 2. e 3. f 4. c* 5. g 6. h
7. a 8. b*

4. Translate into Irish: a. Cé? B. Cén uair?* c. Cé leis? d. Cén fáth? e. Céard? f. Cé mhead? g. Céard iad? h. Cá? i. An ndéanann tú? j. An féidir leat? k. Cá bhfuil? l. Cé mhéad uair? m. Cé mhéad duine?

5. Translate into Irish: a. Cá bhfuil do sheomra? b. Cá dtéann tú tar éis na scoile? c. Céard a dhéanann tú nuair a bhíonn am sa bhreis agat? d. Go dtí cén t-am a bhíonn tú ag staidéar? e. Cé mhéad uair a chaitheann tú ar líne?
f. Céard é an caitheamh aimsire is fearr leat? g. Céard a dhéanann tú chun cabhrú timpeall an tí?

VOCABULARY TESTS

UNIT 1: "Talking about age" (Page 164)

1a. 1. Céard is ainm duit? 2. Pól is ainm dom 3. Cén aois thú? 4. Tá mé cúig bliana d'aois
5. Tá mé seacht mbliana d'aois 6. Tá mé naoi mbliana d'aois 7. Tá mé deich mbliana
d'aois 8. Tá mé aon bhliain déag d'aois 9. Tá mé dhá bhliain déag d'aois 10. Tá mé trí bliana déag d'aois

1b. 1. Céard is ainm do do dheartháir? 2. Céard is ainm do do dheirfiúr? 3. Marc is ainm do mo dheartháir 4. Tá mo
dheirfiúr ceithre bliana déag d'aois 5. Tá mo dheartháir cúig bliana déag d'aois 6. Níl siblíní agam 7. John is ainm
dom agus is Éireannach mé 8. Tá deartháir agam darb ainm Franc 9. Tá cónaí orm sa phríomhchathair* 10. Tá cónaí
orm in iarthar na hÉireann*

UNIT 2: "Saying when birthdays are" (Page 165)

2a. 1. Seán is ainm dom 2. Tá mé naoi mbliana d'aois 3. Tá sé ceithre bliana déag d'aois 4. Tá tú ocht mbliana déag
d'aois 5. Ar an tríú lá de Bhealtaine 6. Ar an gceathrú lá d'Aibreán 7. Ar an gcúigiú lá de Mheitheamh 8. Ar an séú lá
de Mheán Fómhair 9. Ar an deichiú lá de Dheireadh Fómhair 10. Ar an ochtú lá d'Iúil

2b. 1. Tá mé seacht mbliana déag d'aois agus rugadh mé ar an aonú lá is fiche de Mheitheamh 2. Joe is ainm do mo
dheartháir agus tá sé naoi mbliana déag d'aois 3. Maria is ainm do mo dheirfiúr agus tá sí dhá bhliain déag d'aois
4. Rugadh mo dheartháir ar an tríú lá is fiche de Mhárta 5. Franc is ainm dom. Tá mé cúig bliana déag d'aois agus
rugadh mé ar an seachtú lá is fiche d'Iúil 6. Áine is ainm dom. Tá mé ocht mbliana déag d'aois agus rugadh mé ar an
tríochú lá de Mheitheamh 7. Cathain a rugadh thú?* 8. Ar rugadh thú i Meán Fómhair nó i Nollaig? 9. Paul is ainm do
mo dheartháir agus rugadh é ar an aonú lá is tríocha d'Eanáir 10. Ar rugadh thú in Aibreán nó i Meitheamh?

UNIT 3: "Describing hair and eyes" (Page 166)

3a. 1. Gruaig dhubh 2. Súile donna 3. Gruaig fhionn 4. Súile gorma 5. Seán is ainm dom 6. Tá mé dhá bhliain déag
d'aois 7. Tá gruaig fhada orm 8. Tá gruaig ghearr orm 9. Tá súile glasa agat 10. Tá súile donna aici

3b. 1. Tá gruaig liath orm agus tá súile gorma agam 2. Tá gruaig rua dhíreach orm 3. Tá gruaig fhionn chatach orm
4. Tá gruaig dhonn ort agus tá súile donna aige 5. Caithim spéaclaí agus tá gruaig spíceach orm 6. Ní chaithim
spéaclaí agus tá féasóg orm 7. Tá gruaig fhionn ar mo dheartháir agus tá croiméal air 8. Tá mo dheartháir dhá
bhliain is fiche d'aois agus tá gruaig ghearr air 9. An gcaitheann tú spéaclaí? 10. Tá súile gorma ag mo dheirfiúr agus
tá gruaig dhubh chatach uirthi

UNIT 4: "Saying where a person is from and lives" (Page 167)

4a. 1. … is ainm dom 2. Is as Éirinn dom 3. Tá cónaí orm* 4. I dteach 5. I dteach nua-aimseartha
6. I seanfhoirgneamh 7. Ar imeall an bhaile 8. I lár an bhaile 9. Ar an gcósta 10. In eastát tithíochta

4b. 1. Jeaic is ainm do mo dheartháir 2. Amy is ainm do mo dheirfiúr 3. Tá cónaí orm i seanteach*
4. Tá cónaí ort i dteach nua-aimseartha* 5. Tá cónaí orthu i dteach ar an gcósta* 6. Tá cónaí orm i dteach gránna i
lár na cathrach* 7. Is as Éirinn dom agus tá cónaí orm faoin tuath* 8. Tá mé cúig bliana déag d'aois 9. Is Éireannach
mé 10. Tá cónaí orm in árasán beag ar an gcósta

UNIT 5: "Talking about my family/numbers 1-100" (Page 168)

5a. 1. Mo dheartháir níos óige 2. Mo dheartháir níos sine 3. Mo dheirfiúr níos sine 4. Mo dheirfiúr níos óige
5. M'athair 6. Mo mháthair 7. M'uncail 8. M'aintín 9. Mo chol ceathrar 10. Mo sheantuismitheoirí

5b. 1. Tá ceathrar i mo theaghlach 2. M'athair, mo mháthair agus mo bheirt deartháireacha 3. Ní réitím go maith le mo dheartháir níos sine 4. Tá mo dheirfiúr níos sine trí bliana is fiche d'aois 5. Tá mo dheirfiúr níos óige sé bliana déag d'aois 6. Tá mo sheanathair ocht mbliana is seachtó d'aois 7. Tá mo sheanmháthair seacht mbliana is seasca d'aois 8. Tá m'uncail ceithre bliana is caoga d'aois 9. Tá m'aintín dhá bhliain is daichead d'aois 10. Tá mo chol ceathrar seacht mbliana déag d'aois

UNIT 6: "Describing myself and my family members" (Page 169)

6a. 1. Ard 2. Beag 3. Cineálta 4. Dathúil 5. Flaithiúil 6. Leadránach 7. Ionraic 8. Spórtúil 9. Cainteach 10. Cabhrach

6b. 1. Is duine dian agus deas í mo mháthair 2. Is duine ceanndána agus cairdiúil é m'athair 3. Is duine cliste agus spórtúil í mo dheirfiúr níos sine 4. Is duine leisciúil í mo dheirfiúr níos óige 5. Tá cúigear i mo theaghlach 6. Réitím go maith le mo dheirfiúr níos sine mar gur duine deas í 7. Ní réitím go maith le mo dheirfiúr níos óige mar gur duine olc í 8. Réitím go maith le mo sheantuismitheoirí mar gur daoine greannmhara agus flaithiúla iad 9. Cén sórt daoine iad do thuismitheoirí? 10. Ní réitím go maith le m'aintín agus m'uncail

UNIT 7: "Talking about pets" (Page 170)

7a. 1. Capall 2. Coinín 3. Madra 4. Turtar 5. Éan 6. Pearóid 7. Lacha 8. Muc ghuine 9. Cat 10. Damhán alla

7b. 1. Tá capall bán agam 2. Tá turtar glas agam 3. Sa bhaile, tá dhá iasc againn 4. Tá damhán alla ag mo dheirfiúr 5. Níl peataí agam 6. Tá éan gorm ag cara liom Peter* 7. Tá cat an-mhór agam 8. Tá nathair agam darb ainm Alan 9. Tá lacha ghreannmhar agus thorannach agam 10. Cé mhéad peata atá agat sa bhaile?

UNIT 8: "Talking about jobs" (Page 171)

8a. 1. Is feirmeoir mé 2. Is tógálaí é 3. Is freastalaí í 4. Is altra í 5. Is fear an tí é 6. Is dochtúir í 7. Is múinteoir é 8. Is duine gnó í 9. Is gruagaire é 10. Is feirmeoir í

8b. 1. Is garda é m'athair 2. Is altra í mo mháthair 3. Ní oibríonn mo sheantuismitheoirí 4. Oibríonn mo dheirfiúr mar mhúinteoir 5. Is garda í m'aintín 6. Is múinteoir é mo chol ceathrar 7. Is tógálaithe iad mo chol ceathracha 8. Ní maith leis a phost mar go bhfuil se deacair* 9. Is maith leis a phost mar go bhfuil sé gnóthach 10. Is fuath léi a post mar go bhfuil sé strusmhar

UNIT 9: "Comparing people" (Page 172)

9a. 1. Tá sé níos airde ná mé 2. Tá sé níos flaithiúla ná í 3. Níl sí níos mó ná é 4. Tá sé níos lú ná í 5. Tá sí níos dathúla ná é 6. Tá sí níos caintí ná mé 7. Tá mé níos greannmhaire ná é 8. Níl mo mhadra níos torannaí 9. Tá mo choinín níos spraíúla 10. Níl sí níos spórtúla ná mé

9b. 1. Tá mo dheartháir níos láidre ná mé 2. Tá mo mháthair níos lú ná m'athair 3. Tá m'uncail níos dathúla ná m'athair 4. Tá mo dheirfiúr níos sine níos caintí ná mo dheirfiúr níos óige 5. Tá mo dheirfiúr níos airde ná mo chol ceathrar 6. Tá mo sheanathair níos déine ná mo sheanmháthair 7. Tá mo chara Pól níos cairdiúla ná mo chara Franc* 8. Tá mo choinín níos ciúine ná mo lacha 9. Tá mo chat níos mó ná mo mhadra 10. Tá m'éan níos torannaí ná mo thurtar

UNIT 10: "Talking about what is in a school bag" (Page 173)

10a. 1. Tá peann agam 2. Tá rialóir agat 3. Tá leabhar agam 4. I mo mhála 5. I mo chás 6. Mo chara Pól* 7. Tá … ag Peadar 8. Níl … agam 9. Cóipleabhar corcra 10. Bileog bhuí

10b. 1. Tá ceithre leabhar agam i mo mhála scoile 2. Tá cás gorm agam 3. Tá mála scoile dearg aici 4. Níl pinn dhubha agam 5. Tá dhá pheann ghorma ann 6. Tá peann luaidhe ag cara liom Paraic* 7. An bhfuil áireamhán agaibh? 8. An bhfuil pinn dhearga agaibh? 9. An bhfuil rialóir i do chás? 10. Céard atá i do mhála scoile?

UNIT 11: "Talking about food" – Part 1 (Page 174)

11a. 1. Is maith liom bainne 2. Is aoibhinn liom feoil 3. Ní maith liom iasc 4. Is fuath liom sicín 5. Tá torthaí blasta 6. Tá mil milis 7. Is fearr liom uisce 8. Tá bainne gránna 9. Tá seacláid míshláintiúil 10. Tá cáis go hálainn

11b. 1. Is aoibhinn liom seacláid mar go bhfuil sí go hálainn 2. Is breá liom úlla mar go bhfuil siad sláintiúil 3. Ní maith liom feoil mar go bhfuil sí míshláintiúil 4. Is fuath liom ispíní mar go bhfuil siad míshláintiúil 5. Is aoibhinn liom iasc agus prátaí 6. Is fuath liom bia na mara mar go bhfuil sé gránna 7. Is breá liom torthaí mar go bhfuil siad sláintiúil agus go hálainn 8. Is maith sicín spíosrach agus glasraí 9. Is breá liom uibheacha mar go bhfuil siad lán le próitéin 10. Is fearr liom sicín rósta agus prátaí

UNIT 12: "Talking about food" - Part 2 (Page 175)

12a. 1. Ithim mo bhricfeasta 2. Ithim mo lón 3. Ithim a lán bia 4. Ithim mo dhinnéar 5. Go hálainn 6. Bealaithe 7. Gránna 8. Sláintiúil 9. Míshláintiúil 10. Milis

12b. 1. Ithim uibheacha agus ólaim caife do mo bhricfeasta 2. Itheann sé bia na mara do lón 3. Ithim mo dhinnéar 4. Itheann tú dhá cheapaire 5. Ar maidin, ithim torthaí 6. Is aoibhinn leat feoil mar go bhfuil sí blasta 7. Ó am go ham, ithim cáis 8. Um thráthnóna, ní ithim a lán bia 9. Itheann muid feoil agus iasc gach lá 10. Ní ithim milseáin go minic

UNIT 13: "Describing clothes and accessories" (Page 176)

13a. 1. Sciorta dearg 2. Léine ghorm 3. Scaif ghlas 4. Bríste dubh 5. Léine bhán 6. Hata donn 7. Cóta buí 8. Brístí gearra gorma 9. Carbhat corcra 10. Bróga liatha

13b. 1. Caithim caipín dubh go minic 2. Sa bhaile, caithim éadaí spóirt gorma 3. Ar scoil, caitheann muid éadaí scoile glasa 4. Ar an trá, caithim culaith shnámha dhearg 5. Caitheann mo dheirfiúr brístí gearra i gcónaí* 6. Caitheann mo dhearthár uaireadóir 7. Caitheann mo mháthair éadaí costasacha 8. Caitheann mo mhúinteoir culaith 9. Caitheann mo chara* gúna deas 10. Caitheann mo dheartháireacha bróga

UNIT 14: "Talking about free time" (Page 177)

14a. 1. Déanaim m'obair bhaile 2. Imríonn tú peil 3. Imrím leadóg 4. Téann sé ag rothaíocht 5. Déanann muid tógáil meáchan 6. Téim go dtí an linn snámha 7. Imrím spórt 8. Déanann siad marcaíocht capaill 9. An imríonn tú peil? 10. Téim go dtí an trá

14b. 1. Imrím cispheil mar go bhfuil sé taitneamhach 2. Imrím cluichí ríomhaire le mo chairde* 3. Téann mé fhéin agus m'athair ag iascaireacht ó am go ham 4. Téim agus mo dheartháir go dtí an spórtlann gach lá 5. Déanaim tógáil meáchan agus téim ag rith gach lá 6. Nuair a bhíonn an aimsir go maith, téann muid ar shiúlóidí 7. Nuair a bhíonn an aimsir go dona, imrím ficheall 8. Téann mo mháthair ag snámh ag an deireadh seachtaine 9. Téann mo dheartháireacha níos óige go dtí an pháirc tar éis na scoile 10. Nuair a bhíonn am sa bhreis agam, téim go teach mo charad

UNIT 15: "Talking about weather and free time" (Page 178)

15a. 1. Nuair a bhíonn an aimsir go maith 2. Nuair a bhíonn an aimsir go dona 3. Nuair a bhíonn sé grianmhar
4. Nuair a bhíonn sé fuar 5. Nuair a bhíonn sé te 6. Téim ag snámh 7. Imrím le mo chairde* 8. Téim go dtí an t-ionad
spóirt 9. Téim go dtí an spórtlann 10. Téim ag iascaireacht

15b. 1. Nuair a bhíonn an aimsir go maith, téim ar shiúlóidí 2. Nuair a bhíonn sé ag báisteach, téann muid go dtí an t-
ionad spóirt agus déanann muid tógáil meáchan 3. Ag an deireadh seachtaine, déanaim m'obair bhaile agus imrím
spórt 4. Nuair a bhíonn sé te, téann sí go dtí an trá nó ag rothaíocht 5. Nuair a bhíonn am sa bhreis agam, téim ag siúl
le m'athair 6. Nuair a bhíonn sé stoirmiúil, fanann muid sa bhaile agus imríonn muid cártaí 7. Nuair a bhíonn sé
grianmhar, téann siad go dtí an pháirc 8. Ar an Aoine agus ar an Satharn, téim ag damhsa le mo chairde* 9. Ní
imríonn muid spórt mar go n-imríonn muid cluichí ríomhaire 10. Nuair a bhíonn sé ag cur sneachta, téann muid go
dtí na sléibhte

UNIT 16: "Talking about daily routine" (Page 179)

16a. 1. Éirím 2. Ithim 3. Ithim mo bhricfeasta 4. Ólaim 5. Téim i mo luí 6. Timpeall ar a sé a chlog 7. Ligim mo scíth
8. Ag meánlae 9. Ag meánoíche 10. Déanaim m'obair bhaile

16b. 1. Timpeall ar a seacht a chlog ar maidin, ithim mo bhricfeasta 2. Téim faoin gcith 3. Scuabaim m'fhiacla
4. Timpeall ar a hocht a chlog um thráthnóna, itheann sí a dinnéar 5. Téim ar scoil ar an mbus 6. Féachaim ar an
teilifís i mo sheomra 7. Fillim abhaile ar leathuair tar éis a ceathair 8. Imríonn muid cluichí ríomhaire 9. Ina dhiaidh
sin, téim i mo luí 10. Tá titim amach an lae an-simplí agam

UNIT 17: "Describing houses" (Page 180)

17a. 1. Tá mé ag cur fúm* 2. I dteach nua 3. I seanteach 4. I dteach beag 5. I dteach mór 6. Cois farraige 7. Ar na
sléibhte 8. Faoin tuath 9. Ar imeall an bhaile 10. I lár na cathrach

17b. 1. Tá ceithre sheomra i mo theach 2. Is fearr liom an chistin 3. Is maith liom mo scíth a ligean sa seomra suí
4. Tá seacht seomra i m'árasán 5. Tá mo thuismitheoirí ag cur fúthu i dteach galánta* 6. Tá m'uncail ag cur faoi i
dteach seanfhaiseanta* 7. Tá muid ag cur fúinn cois farraige* 8. Tá cara liom Pól ag cur faoi ar fheirm* 9. Tá mo chol
ceathracha ag cur fúthu in iarthar na hÉireann* 10. Tá mo sheantuismitheoirí ag cur fúthu i dteach galánta

UNIT 18: "Talking about my home life" (Page 181)

18a. 1. Labhraím le mo mháthair 2. Imrím cluichí ríomhaire 3. Léim irisí 4. Léim leabhair ghrinn 5. Féachaim ar
scannáin 6. Éistim le ceol 7. Ligim mo scíth 8. Déanaim m'obair bhaile 9. Téim ag siúl 10. Fágaim an teach

18b. 1. Glanaim mo sheomra 2. Cabhraím le mo thuismitheoirí go minic 3. Scuabaim m'fhiacla 4. Cuirim pictiúir
aníos ar Instagram 5. Gach lá, féachaim ar scannáin ar Netflix 6. Ithim bricfeasta ar maidin 7. Tar éis na scoile,
éistim le ceol sa ghairdín 8. Nuair a bhíonn am sa bhreis agam, imrím ficheall 9. De ghnáth, téim faoin gcith ar a
hocht a chlog 10. Téim ar scoil ar an mbus

UNIT 19: "My holiday plans" (Page 182)

19a. 1. Rachaidh mé 2. Fanfaidh mé 3. Tabharfaidh mé 4. Íosfaidh mé 5. Tabharfaidh mé cuairt ar 6. Fanfaidh mé
thall 7. Caithfidh mé 8. Rachaidh mé go dtí an trá 9. Rachaidh mé ag sú na gréine 10. Rachaidh mé ar laethanta
saoire

19b. 1. Rachaidh muid go dtí an trá 2. Rachaidh muid go dtí an chathair 3. Rachaidh muid ag siopadóireacht
4. Rachaidh muid ag sú na gréine 5. Íosfaidh muid béilí blasta 6. Íosfaidh muid uachtar reoite deas 7. Íosfaidh muid
milseoga traidisiúnta 8. Tabharfaidh muid cuairt ar shuíomhanna stairiúla 9. Tabharfaidh muid cuairt ar
shuíomhanna turasóireachta 10. Tabharfaidh muid cuairt ar an Túr Eiffel